新徽商界首

New Huishang Jieshou

主编 何逢阳 韩新东

人民东方出版传媒
東方出版社

《界首新徽商》编委会

图书在版编目（CIP）数据

界首新徽商 / 何逢阳，韩新东主编. — 北京：东方出版社，2020.6

ISBN 978-7-5207-1522-5

Ⅰ. ①界… Ⅱ. ①何… ②韩… Ⅲ. ①民营企业－企业家－生平事迹－界首－现代 Ⅳ. ①K825.38

中国版本图书馆CIP数据核字（2020）第077902号

界首新徽商

（JIESHOU XIN HUISHANG）

主　　编：何逢阳　韩新东
责任编辑：张洪雪　杭　超
出　　版：东方出版社
发　　行：人民东方出版传媒有限公司
地　　址：北京市朝阳区西坝河北里51号
邮　　编：100028
印　　刷：北京彩和坊印刷有限公司
版　　次：2020年6月第1版
印　　次：2020年6月北京第1次印刷
印　　数：1—5000册
开　　本：710毫米×1000毫米　1/16
印　　张：23
字　　数：274千字
书　　号：ISBN 978-7-5207-1522-5
定　　价：98.00元
发行电话：（010）85924663　85924644　85924641

序

千年之“养”

近年来，皖北边城界首猛然间闯入了我的关注视野，并且引发了我的盎然兴致。我与界首，似有不解之缘，深感相见恨晚。

界首是一座有历史的城市。

著名学者、被誉为“桐城派”最后一代文学家的李诚先生，早年在其鸿文《安徽省各县市名称考释》中有经典论述：界首集“西与河南省交界，而安徽省界自此始，所以集名界首”，县、市因界首集而得名。我在查阅史籍中恍然得知，早在遥远的春秋战国时期，界首城这个概念即已诞生。鲁昭公三十年（公元前512年）楚筑养城，后又讹为阳城，此乃界首建城的发端。因界首拥有颍河、泉河两大浩荡水系，水路畅行四方，加之居于中原通达江南的要冲，一时间，舟车辐辏，商旅密集。

界首是一座有情怀的城市。

因工作原因，近年来我走近与走访界首的概率越来越大，倾听当地政要宣介城市魅力的机会也越来越多。我能切身感受到，界首怀有强烈的创新冲动，民众持有强大的发展意愿。界首为此响亮地重打“养城牌”，有力地倡导“城养人、人养城”的理念，务实地践行“品质慢城、乐居界首”的定位。我认为，一个“养”字可谓立意深邃、寓意深刻。人是养城的养分，城是养人的养护。人与城交相补养、交互滋养，方才保障了界首的高质量发展。

界首是一座有志向的城市。

一座城市的迭代与嬗变，往往在于某一历史时期的关键一招。在短短的几年内，先后有8家院士工作站、3家国家级和6家省级博士后工作站集中选择“落户”界首，的确令人惊奇与惊叹！我认为，界首目光如炬、志向高远，看准并抓住了发展的命脉——科技创新才是一座城市兴盛的澎湃引擎。有关资料显示，截至目前，界首市拥有87家高新技术企业、1家国家级创新型企业、32家省级创新型企业、120家科技型企业，其中产值超亿元工业企业有83家，累计主导或者参与修订国家标准8项、行业标准7项、团体标准1项，战略性新兴产业、高新技术产业“两新”产业产值占工业比重达90%以上，与全国60多家高校科研机构签订了产学研合作协议400余项。也正是凭借这张抢眼的“成绩单”，界首登顶“中国创新百强县”，可谓名副其实、实至名归。

界首是一座有商脉的城市。

界首的商脉是有渊源的。回溯至北宋时期，即已蔚然成形。元代时，为方便东奔西跑、南来北往的客商，在此设立了界首站。明初，伴随着大量源于三晋、齐鲁大地移民的拥入，界首一度商业繁盛。迈入新时代的界首，用求实求是、高开高走的举措践行着新发展理念，可谓捷报频传，硕果摇枝。截至2019年，界首市连续四年进入全国投资潜力百强县前十，连续三年位居阜阳市政府目标管理绩效考核第一名，主要经济指标稳居阜阳市首位，并在安徽县域速度竞争力十强县中抢占了第二位。界首终于走出迷茫、自带光芒，用智力、能力和实力向新时代上交了一份出色的答卷。

丰沛的商脉是要靠历史涵养的，也是要靠情怀保养的，更是要靠志向调养的。界首的前世今生皆有灵气与正气相贯通，不仅自备了天然的禀赋，而且智造了后发的优势，因此才使高质量发展的续航能力十分强劲。尤其是界首将活跃在这方厚土上的新徽商力量进行集聚融汇，运用点睛之笔将他们恪守的商道、铿锵的商旅集结成书，此举既尊重和褒扬了界首企业家的创造，又深化和升华了一座城市的精神。深读《界首新徽商》一书，在感受界首的大成就、大发展之时，亦能感悟界首的大智慧、大境界。

是为序。

中国工程院院士 

2020年5月

Contents 目录

（内文人物顺序按姓氏音序排序）

曹静

安徽聚力粮机科技股份有限公司董事长

科技兴农的关键，第一在创新，第二在创新，第三还是在创新。

有舍才有得

曹　静
天地“粮”心

文/邵梦　摄影/姜朝洋

“行道曰粮，止居曰食”，自古粮食便是国之根本，兴仓储粮亦然。

作为全国及安徽省内粮食生产功能区、重要农产品生产保护区，界首市始终走在农业现代化建设的前沿地带，为全面建成小康社会不遗余力地贡献力量。

在界首市全面建设现代化农业的进程中，有这样一群人，他们扎根于粮食仓储设备制造这个百亿赛道上，包揽了从粮食收藏后的清理、烘干、储存到进入流通领域或粮食深加工之前所使用的各种设备，如粮仓、清选机械、输送机械、称重设备、干燥设备、粮食质量检测设备等，为全国粮食储备的质量与安全保驾护航。

安徽聚力粮机科技股份有限公司董事长曹静正是其中之一。

打破“铁饭碗”进入家族粮油机械加工厂工作，从参与创办的界首市云龙粮机配套工程有限公司中“功成身退”，重新出发独自经营安徽聚力粮机科技股份有限公司……近三十年间，曹静身上勤奋、务实的女性特质与创新、前瞻性的企业家思维相互交织，带领聚力粮机在全国粮机行业中崭露头角。

曹静提供的数据显示，聚力粮机生产的粮食仓储设备在安徽省业内名列前茅，市场份额占阜阳地区30%以上。

而她本人，也因一纸漂亮的业绩被冠以多项荣耀：阜阳市“优秀企业家”、安徽省“创业女标兵”“巾帼建功”标兵、安徽省优秀民营科技企业家、界首市十大杰出青年、界首市“先进个人”……

“科技兴农的关键，第一在创新，第二在创新，第三还是在创新。”谈到聚力决胜的秘诀，曹静直言不讳。

家就是厂，厂就是家

曹静是我国粮食储藏建设飞速发展的亲历者和见证者。

改革开放以来，我国国民经济焕发新生，各行各业方兴未艾。尤其是农村实行联产承包责任制之后，农民的生产积极性被充分地调动起来，国家所需粮食已从计划统购逐步转向市场收购，农民交售余粮的积极性提高，曾一度出现农民卖粮难、国家储粮难、运输难的“三难”局面。

直到20世纪90年代初期，一方面，基于粮食仓储设施的短缺和落后问题进一步凸显；另一方面，国家不断增加粮食战略储备，新建粮食储备设施数量不断增加，粮食仓储业迎来了空前广阔的发展空间。

国家进入大规模粮食仓储设施建设期，并在此后八年时间里，建成

了投入资金最多、建设规模最大、建设内容最全、采用先进储藏科技最广泛的国家储备粮库，实现了我国粮食储藏、运输、管理、技术的跨越式发展，进一步完善了全国储备粮库布局，初步建立了较为合理的粮食储备体系。

随着装卸、称重、烘干、清理、运输等一系列粮食储藏机械的大量开发和引进，我国已基本形成一个以港口库为龙头、以中转和储备库为骨干、以收纳库为基础的储藏设施网络体系。

恰在这个“黄金年代”，曹静步入了粮食仓储行业。

在她看来，这似乎是一种必然。自小在一个从事粮油机械加工的家庭中长大，身为女子的曹静却对男性化十足的机械加工充满了浓厚的兴趣。

这种兴趣促使她读大学时毅然选择了机械加工专业，成为全系100多名学生中仅有的五名女生之一。

她并不在意别人看她像看“稀有动物”一样的目光，而是一门心思苦读专业。“唯有热爱才能做得比别人好，走得比别人远。”

1991年，大学毕业的曹静被分配到家乡界首市财贸委工作。平淡无奇的工作既让她觉得安逸无比，又让她感到心中的某个角落缺少了什么。

是什么呢？

看着家中的长辈们每天在工厂里忙碌的身影，这个疑问也在曹静的心中渐渐变大。

直到五年后，她毅然决定离开稳定的工作岗位，回到家族企业中，才找到困扰她良久的问题的答案：发挥所长，不虚度光阴。

“做企业不能懒惰。”勤奋贯穿着曹静下海、创业、经营企业二十多年的始终。自她走进家族工厂成为其中一员的那一刻，她便开始了以厂为家的生活。

“家就是厂，厂就是家，在我的生活里从来没有星期天。”忙碌并未让她疲倦，快节奏的工作状态反而让她格外适从。

从财务到后勤，从生产到销售，曹静几乎将工厂里的每个岗位都轮了个遍。

越深入到粮油机械加工行业的内部，她越发不满足于家庭式作坊的工作模式，“体量小、效率低、管理落后，长此以往，无法进一步扩大规模”。

同时，她也看到了国家粮食仓储体系建设背后的巨大“蓝海”——相应配套的粮食输送系统需求或将迎来爆发式增长。

于是，界首市云龙粮机配套工程有限公司于1996年应运而生，从事粮食仓储设施设备及粮食进出仓设备专业研发、生产、销售业务。作为创办者之一，曹静始终坚持“科技兴农”的企业定位，并坚持走自主研发道路。

基于创新的理念，云龙粮机最终成功研发并推出了粮食输送机械、转向输送机、粮食扒谷机械、清粮机械、粮食装仓机械等全系列粮食输送、清理、烘干、储粮保粮设备。

出乎所有人意料的是，云龙粮机的产品一经推出便出现了供不应求的火爆场景。

曹静回忆，每年到粮食收购的旺季，工厂外都要上演客户抢设备的戏码，甚至有时候客户与客户间因为抢设备发生了肢体冲突，连110民警都来维护秩序。

每当她看到云龙工厂周边一家能够容纳100多人的宾馆，住满了来订货的人时；每当她的手机从凌晨4点起开始响个不停，一直到第二天凌晨1点方才作罢时；每当她遇见客户买锁锁住自己看中的设备、不让别人拿走这种令人哭笑不得的场景时；每当她无法解决客户们需等上一周才能订上货的焦虑情绪而不得不设置出“谁先交钱、先给谁发货”的“霸王”条款时，她既兴奋，又无奈。

兴奋的是云龙粮机广受好评；无奈的是企业的体量受限，远远无法满足市场的需求。

居安思危

随着云龙粮机的产值与日俱增，到2002年已经扩大了10倍，曹静的兴奋非但没有扩大，反而日益忧心忡忡。

一方面，我国粮食仓储管理、仓储技术的标准不断提高，对仓储的质量和安全也提出了更严格的要求，全行业内粮食仓储技术水平都在急速提升。

另一方面，各路资本对粮食储藏这个百亿大“蛋糕”垂涎已久，市场竞争进一步加大。

“云龙最大的问题在于：产品结构单一，应对市场变化的能力低。此外，研发能力是否能跟得上市场需求的变化亦未可知。”在她看来，逆水行舟不进则退，如果不作出改变，云龙粮机即将面临能否可持续发展的挑战。

有人说曹静是在杞人忧天，云龙的业绩蒸蒸日上，她的担心太过多余；也有人赞同她的居安思危、未雨绸缪。

最终，她用事实佐证了一切。

本着品牌多样化发展的思路，她决定单打独斗，在云龙之外创办另一个粮机制造品牌，对外，利用不同产品线、不同区域布局战略，与云龙形成错位竞争发展；对内，与云龙携手占领粮食仓储设备加工这一舞台，形成抱团发展的矩阵力量，共同应对市场竞争与市场的瞬息万变。

2007年，她一手创办了安徽聚力机械制造有限公司，避开云龙粮机主要从事的粮食进出仓设备产品，向生产检测这一细分领域进军。

脱离家族的庇护独闯商业江湖，对大多数而立之年的女性来说并非易事。然而，对曹静来说，负重前行可以轻轻松松化解成举重若轻的人生。

立足于扦样、清粮、输送、进出仓设备四大系列百余种产品，聚力机械相继推出了清粮机、谷物风选机，不同型号的输送机、装仓机、扒谷出仓机等拳头产品，并拥有现代化的先进生产检测设备180余台。客户群体覆盖中储粮、国家粮库、大型粮食仓储运营商等。

改道扦样机，曹静同样经过了一番深思熟虑。

近年来，随着粮食生产走向集约化及粮食物流规模和形式的发展，在粮食收购和短途物流过程中汽车运输量不断扩大，这给粮食扦样工作提出了新的课题。

曹静敏锐地捕捉到了这一信息，并作出预判，机器代替人从事粮食扦样工作是大势所趋。“粮食扦样产品将再度火爆市场、畅销全国。”

聚力机械此后集中火力，投入大量人力、物力进行技术研发，最终成功向市场推出了多种新型散(包)粮车扦样机(器)。

2013年12月，聚力机械自主研发的视频智能型多功能粮食扦样机成功问世。这台用于车载散粮无盖运输车及车载包粮的扦样及检测机器，既能自由移动，又能够通过自动化操作读出具体温湿度数值，方便快捷，节省运营成本，智能化程度高。

曹静介绍，这款扦样机取样采用视频监控，监控探头利用变焦旋转形式可放大取样点位置，保证取样的准确性、均匀性和层次性。同时液压传动保证了扦样头在设计空间范围内到达任意位置，全液压操作便于使用和维修。

“这款产品还通过小试、试销售，受到粮库、国家粮食收储部门的青睐和称赞。其社会效益不仅方便粮食收购单位扦样监测粮食温湿度状况从而进行分类管理，避免粮仓霉变、虫蛀，大幅度减少了粮农售粮时人工费及贮粮成本，提升了粮农的效益，更重要的是国家粮库管理单位能够根据粮食储存的要求，采取措施保证粮食质量，利国利民。”曹静表示。

大发展映衬大格局

粮食扦样机的推出仅仅是曹静以及她所掌舵的聚力机械坚持自主创新、以科技兴农争做全国粮机行业“排头兵”的一个缩影。

“只有坚持不懈地创新，才能立于不败之地。”她介绍，聚力机械先后建立了企业技术中心、制定了企业自主创新体系，以促进产品不断升

级，稳固企业在市场中的地位。

管理上，她以现代科学的指导思想，强调“制度管人”。

聚力机械自建立之初，曹静便按照现代的科学理念建立了一整套现代企业管理制度，从研发、生产到销售、管理，始终坚持权责明确、奖惩鲜明的理念，朝着大企业的模式不断发展。“良好的企业管理者是企业顺利前行的掌舵人，企业负责人必须以制度先行，才能带领团队稳步向前。”

进入资本市场正是曹静推动企业发展、规范企业管理的最佳写照。

为完善现代企业管理制度、破解融资“冰山”难题，借助资本市场完成企业转型升级，安徽聚力机械于2017年9月成功登录“新三板”市场，启动资本远航。

“公司挂牌新三板，意味着卫冕正式踏上资本市场的快车道，是公司发展的一个重要里程碑，既是对过去历程的大检阅，也是对未来征程的总动员。”曹静表示。

技术上，她“剑指”智慧粮库。

随着新一代数字化技术的发展，我国粮食产业转型升级、粮食市场监管调控及粮食仓储管理手段创新迎来新契机。近年来，各地方粮食行政管理部门、涉粮央企和粮食仓储企业正在围绕作业自动化、出入库智能化、仓储智能化、经营管理可视化等方面稳步推进信息化工作，由传统粮库向数字粮库、智能粮库、智慧粮库转型已经成为粮食仓储业的必然趋势。

因此，自2015年以来，曹静召集团队向“智慧粮库”发起冲击。

她介绍，加强粮食库存数量监管可以增强政府对粮食的宏观调控和抗风险能力，确保政府需要时调得动、用得上。而当前粮食库存仓储数量管理通常是根据进出仓时计量记账法或现场人工测量法来判定仓内粮食数量与仓容空置情况。当库存异常或未经许可擅自动用储备粮时无法及时预警，且主管部门无法实时准确地把握分散各地粮库的仓储数量与仓容空置情况，而这些信息对粮食的出入仓调配具有重要意义。

由聚力粮机自主研发的智能粮仓控制系统就解决了粮情检测的问

题。“这是由一个网络管理平台及分散各地粮仓的测控模块构成的系统，首先利用超声波测量粮面高度，根据仓库的底面积与误差修正模块计算出粮堆的实际体积；再根据水分、入库年份、品种及杂质协同的‘容重估算’模块，得出仓内粮食的实测数量，并将实测数量与账面数量进行比对，分析是否异常，超出阈值则通过邮件与短信进行报警；同时，系统可自动生成查仓实物工作底稿与各地粮库仓容空置情况表，极大地提高了查仓与出入仓调配的工作效率。”

这样，上级监管部门及保管员就可以通过浏览器登录系统，实现对各地粮库的远程、实时的可视化监控，确保粮食仓储数量真实可信。

此外，在智慧农业大趋势的背景下，曹静还斥巨资打造了“谷物干燥机物联智慧平台”，用户通过手机登录这个平台可随时随地掌控烘干机的工作数据，第一时间了解烘干过程中出现的异常，对降低烘干成本、提高烘干效率，真正体现服务型制造创造了新价值。

在生产方面，曹静将打造智能化、专业化的平台视作公司眼下的重点。其中，30吨重力出谷机型作为行业首创已取得专利近10项，干燥不均匀度达0.4%，爆腰率增值达0.67%，破碎率增值达0.14%，优于行业标准。

“大发展映衬大格局，未来我还继续在品牌、质量上做大文章、做好文章，向着前瞻的、科学的方向发展。”对于未来，她信心满怀。

崔凤杰

安徽凤杰金属资源有限公司董事长

找寻新商机就是不断试错。

崔凤杰
从跨界到跨越

文/ 刘娜 摄影/姜朝洋

一切都是最好的安排。

中考落榜后，崔凤杰别无他法，只能自谋生路。

从裁缝学徒，到种植白术，再到经营面粉厂，崔凤杰一直没有离开生他养他的故乡，也没有离开祖辈们耕耘了数代的一亩三分地。所以，当他决定迈出步伐，勇敢跨界到工业领域时，连他自己都不知道会有什么等待在前方。

“人家说我脑子活，我觉得是自己不贪心，有些时候，该收就收。”找货源、押货车、寻买家、做贸易、自加工……安徽凤杰金属资源有限公司董事长崔凤杰凭借一己之力和敢想敢干的豁达心，走出了田间地头，走到了全国市场，走进了高新技术领域，走向了循环经济。

100天“战役”

20世纪70年代的皖北，经济落后，人民生活水平不高，对于很多人来说，读书是一件看不到未来的事情，崔凤杰却读得很刻苦，因为对于身体有些残疾的他来说，读书可能是一条“出路”。不过，中考过后，他的希望还是落空了，即便考得不错，他依然落榜了，那是1973年。

“我得有门手艺。”崔凤杰必须养活自己，自立于世。

因为成绩不错，崔凤杰进入卫生所学习，谁知小小的卫生所已有四名学徒，他根本没有学习的机会。一年后，他便果断离开，在家人的安排下学起了裁缝。

崔凤杰很聪明，除了跟着师傅学习，他有空的时候就翻看一些裁缝书籍，理论学习之余，他还动手拆了一些旧衣服，看看各个部位的比例，很快，他就“学业有成”，在生产队当起了裁缝。三年后，他还在镇上盘了间门面，带起了徒弟。

不过，计划经济时代，什么都要凭票，没有布料，开不了成品服装店，只能等着老百姓拿布料上门，裁缝铺的生意终归做不大。守着自己的裁缝铺，崔凤杰等来了改革开放的春风。

崔凤杰从小跟爷爷长大，爷孙俩感情特别好。20世纪80年代初，他从裁缝铺的收入中拿了600元买了一头牛，爷爷帮忙养了一年，卖了1600元。就在他想着是否再买两头牛的时候，从河南来的一个亲戚建议他种点白术。

“白术是药材，属于经济作物，比粮食值钱。”崔凤杰算过账后，用卖牛得来的1600元买了13斤白术种子，种在了自己的五亩地里。

春种秋收，谁知道天气干旱、虫灾严重，加上没什么管理经验，第一年的收成并不理想。

“我当时算了一下，收的那点白术卖掉也就3000元左右。”而且他请教了行家，得知白术一般要两年以上才有更好的药效，才更值钱。于是，崔凤杰破釜沉舟，投入了5000元，找来了合伙人，又种下了一年的白术。

因为土地有限，家里劳动力也不足，崔凤杰只能提供生产资料，而合伙人提供土地和劳动力。这回有了经验，也有了专人管理，这一年白术的长势非常好，最后卖了5.5万元。

“5.5万元与合伙人平分，这算是我的第一桶金。”不过，第三年，崔凤杰并没有进一步扩大种植规模，反而进行了收缩。原来，看到崔凤杰种白术赚了钱，乡亲们认为他脑子灵活，有想法，就都开始种白术。一时间，白术种子的身价飙升。

面对这种情况，崔凤杰觉得白术毕竟是经济作物，市场空间有限，现在这么多人种植，销量一定会下降。于是，他将一部分白术种子卖给了乡亲，自己只种了一点点。

收缩了白术种植，崔凤杰开始寻觅下一个收入增长点。

皖北地区主要以面食为主，彼时，还有一些农民自家生产的粮食不够吃，需要到市场上购买。崔凤杰便开了一间粮店，批发零售面粉，补贴家用。

采购、出售，当靠着销售面粉攒到10万元的时候，崔凤杰觉得时候到了。

1994年，为了进一步降低成本，他先将村里分给自己的土地与村民的土地进行了调整，又东拼西凑投入了约15万元，在交通便利的村头开起了面粉加工厂。

白天收购，晚上加工，面粉厂每天大约生产十吨面粉，一年的利润约有六七万元。因为品质良好，当时国营的界首面粉厂都去崔凤杰那里采购面粉，“凤杰面粉”给国营面粉厂供应了三年面粉。

崔凤杰的面粉加工厂一开就是十年，离不开他的“独门秘籍”。

北方人喜食面食，对品质的要求也高，他们多喜欢口感更好的陈麦加工面粉。因此，每年6月新麦收割前，崔凤杰会把自己的仓库都囤满陈麦，一般收购价格为每斤6至7角。“我的仓库大，囤下的40万至50万斤陈麦刚好满足在新麦收割期间的市场供应。”随着陈麦面粉的销售，仓库也逐渐腾空，刚好可以给新麦留出空间。

“新麦要放100天才好吃，别人卖新麦面粉时，我还有陈麦面粉可以卖”，崔凤杰打了三个月的时间差，却因为更好的口感，挤出了更多的利润，“这100天，我每斤面粉能比同行多卖5分钱，利润达到3万元”。

“眼光向外看”

1998年，已经有了充足资金的崔凤杰准备扩大生产，他投入30万元，换掉了老化的设备，盖了新厂房。谁知因为政策调整，不能随意进行小麦收购，必须国家出面，这对崔凤杰来说，无疑是断了生产原料。

“好在我有一个好口碑。”崔凤杰找到中心粮站寻求合作，因为多

年愉快的合作和良好的口碑，中心粮站在崔凤杰的面粉厂旁边设了一个收购工作点，派驻了三人驻点。“这样，中心粮站收购的粮食第一时间就能进到我的面粉厂，尽管多了一个中间环节，收购成本增加了，却保证了货源。”谈及此，他还难掩一点庆幸。

两年后，国家再度调整小麦收购政策，崔凤杰却并未迎来喘息的机会。

距离界首不远的河南省某县开办了一个大规模的面粉厂，由于设备先进，质量更优，很快就吞噬了大量的市场份额。“产品质量决定市场销量，而规模化也能降低成本”，崔凤杰的面粉销量逐渐下滑，他再次走到了岔路口。

“找寻新商机就是不断试错。”至此，崔凤杰的人生没有离开过土地，他在棉花、化肥上一个个尝试，就是没有离开农作物，直到他认识了一个来界首采购玉米的福建朋友。

这位朋友的哥哥在河南驻马店参股了一家炼钢厂，闲聊中，崔凤杰对炼钢产生了强烈的好奇心，他决定去看看。

尽管对炼钢完全不懂，崔凤杰还是踏上了去驻马店的“学习”之路。

“第一趟啥也没看懂”，不过他并不甘心，“反正乡里也没什么生意门路了，我想着这也许是个机会，眼光要向外看”。二次到访，他干脆在工厂附近的宾馆住了下来，一周时间，他每天都在厂区门口观察着进进出出的车辆，与住在同一宾馆来送货拿货的司机和货商聊天。

“炼钢的原材料是铁矿石，炼钢厂收的就是矿粉”，终于弄明白整个流程的崔凤杰萌生了去原料地看看的想法。2004年7月，他跟着一位聊天中相熟的送货司机去了原料地，决定拉一点回来试试。

之前，崔凤杰就了解到，炼钢厂对矿粉的质量有要求，品位低于61.5（指的是其中铁元素的质量分数为61.5）的不收。他长了个心眼，在装车的时候装了一点点矿粉，拿到化验站去化验，发现品位在62，刚好位于临界点。

“不行，回去卸货。”崔凤杰立即赶回工地，付了一些装车费，让司机卸掉了两车货。但是，司机既然来了，不可能空车走，崔凤杰就带着司机继续在附近找货源。

眼看着天要黑了，他在深山里发现了一家矿石场。“我看着那家企业设备比较新，规模也很大，看上去非常正规”，时间紧迫，不允许崔凤杰过多纠结，尽管这家矿石场的矿粉更潮湿更昂贵，他也只能赶紧装了两车上路。

“货不到2万元，但因为太潮湿了，走了两三公里就流掉了一吨水，拉到炼钢厂天还没亮，就在门口硬是排队等到天亮，水又流掉不少。”崔凤杰已经做好了赔钱的准备。

但值得庆幸的是，这批矿石的品位很好，达到了63.5，这让崔凤杰非常欣慰，因为他也是凭感觉觉得质量会比第一家好。虽然最后还是赔了2000元，但他觉得这笔“学费”交得值。

经历了这次试水，回家考虑许久后，崔凤杰决定多试几次，他要寻找最合适的原料地。

2004年中秋节，崔凤杰押了一车货往回赶，谁知就在离收费站几百米远的地方，车坏了，这可把他急坏了。

“中秋节嘛，想着晚上赶回家吃个团圆饭，而且也怕修不好，赶不上去炼钢厂交货。”这一单，崔凤杰事先与炼钢厂负责化验的工作人员约定好了要先做化验再交货，诚信如他，必须在约定时间到达。

一时等不来救援，他决定“先走一步”。

他用袋子装了四五斤样品，步行到收费站，这几百米的距离对拄着拐杖的崔凤杰来说，着实有些艰难。很快，收费站工作人员帮他拦下了一辆车，不过这辆车只到距离驻马店还有30多千米的平邑。凌晨4点半，崔凤杰搭着这趟顺风车到了平邑，来不及歇脚，他立即赶往汽车站，赶上了第一班长途车，在早上8点准时到达了驻马店。到了中午，化

验结果出来，品位64，崔凤杰很开心，这意味着这单不会赔本。

看到希望的崔凤杰觉得这事可以干。

拉上了那位福建朋友和另一位朋友，三人合计投入了60万元，做起了炼钢厂的供货商。“那年我投了40万元，赚了7万元，干劲十足。”挣了钱的崔凤杰首先买了辆二手普桑，这大大方便了他的行程。

跑了三年贸易，2007年，崔凤杰听说界首市设立了一个西城工业园区，招商一批从事金属类生产的企业，他又心动了。

寻求更高附加值

心动不如行动，就像当初从采购销售面粉到收购加工面粉，崔凤杰有了向产业链中游延伸，自己办厂加工炼钢炉料的念头。

“铸造的产品附加值一定高于单纯的买进卖出，但成本也更高。”崔凤杰坦言，当时贸易生意非常好，且投入少，做得又熟，所以尽管自己办厂，一开始投入也比较少。

2010年，凤杰金属正式搬至现址，落户界首西城循环经济工业园区。目前，炼钢炉料是公司的主要产品。“从回收废金属到破碎等物理加工，最后产品销往钢铁厂”，崔凤杰介绍，专注于废旧电机、农用机械、五金电器等的拆解、回收、研发再利用，目前凤杰金属年产10万—15万吨炼钢炉料。

特别是2018年，凤杰金属成长速度飞快。

通过技术引进、自主研发、产学研协作、人才引入等，凤杰金属形成了一套国内先进的废旧电机、机械家电拆解工艺，并积极开展拆解产品再利用的研发探索工作。破碎、去杂质、去危险品，崔凤杰仅设备投资就高达1000多万元，全厂员工不到百人，机械化程度颇高。

据不完全统计，凤杰金属相关工艺累计申请发明专利16项，进入实审发明专利12项，获得授权实用新型专利23项，省级科技成果1项。

2018年8月，公司获得国家工业和信息化部废钢铁加工行业准入，同年10月获批国家高新技术企业。崔凤杰透露，2018年，凤杰金属营收超2亿元，利润总额2025万元，实现上缴税金2226万元。

在做好做强原有业务的基础之上，崔凤杰正积极致力于废旧汽车的一体化拆解项目。“三年后会有一个爆发”，他已经做好了详细的市场调查。

数据显示，目前我国汽车保有量已达2.4亿辆，按照国际上4%—6%的平均报废比例来看，未来我国每年的汽车报废规模相当大。

2019年1月30日，国务院常务会议审议通过了《报废机动车回收管理办法（修订草案）》，取消了报废机动车回收企业的数量控制，允许“五大总成”（发动机、方向机、变速器、前后桥、车架）再制造利用，由市场决定报废机动车回收的价格等。

这些开放松绑举措，必将有助于吸引更多资本进入，提升绿色循环经济发展的水平。崔凤杰也看到了这样的机会。

“我这辈子，从土地中走出来，土地给了我很多养分，现在是时候回报它了。”崔凤杰认为，循环经济的价值就在于“反哺”。

全新的生产线，为危废、一般固废、五大总成准备的三大仓库，崔凤

J6P
FAW

杰在硬件方面的投入预计还要增加2000万元。不过，即便是都按废钢卖，预计一年回收3万辆汽车，也将为崔凤杰带来6000万元的收入。“如果五大总成再利用，则是更大的回报”，崔凤杰乐见其成。

不过，也正是因为巨大的资金压力，与较为保守的民营企业创一代不同，他对时下流行的风投并不排斥，在他看来，风投“除了能解决资金问题，也能带来新思路”。

40多年来，崔凤杰一直一边潜心本行，一边寻找下一个利润增长点。对于正在布局的报废机动车回收，他也找到了新的领头人。

退休、交班，一如每次对一个行业的告别，崔凤杰特别干脆利落。2019年11月1日，他把小儿子推到了新征程面前，为了让企业平稳运转，他设立了半年考验期，每天早上8点半，他依然准时到办公室，做好“顾问”的角色。

“顾问顾问，顾得上就问，顾不上就不问”，显然，豁达的崔凤杰对儿子很放心。

段兆法

安徽省金裕皖酒业集团董事长

相传北宋年间，颍州知府欧阳修巡视界沟（今界首），闻酒香，见酒坊。一叟求赐名。修曰：『民风淳朴，金天裕地，金裕何如？』

段兆法
舌尖上的酒香

文/陶杰夫　摄影/徐璐

他是一名传承徽商精神的企业家。20世纪70年代，出生于有“小上海”之称界首市的他扎根本土，谨守“徽骆驼”精神、发奋图强，续写了本土徽商的辉煌。他是一名白酒酿造手艺的传承人，四十年如一日潜心研究手工酿酒之道，将科技与传统酿酒业紧密结合，打造出白酒行业的“翘楚”。

他就是安徽省金裕皖酒业集团董事长段兆法。

作为改革开放的亲历者、见证者，他用四十载光阴叙述着“工匠精神”的内涵，在界首这片“创业”的热土上洒下汗水。段兆法总说白酒企业既要保守也要激进，要对酿酒工艺保持一颗敬畏之心和守护手工酿造艺术。当然，作为一名企业家要有激进的精神，与时代同轨激发企业家学习本能，与现代科技多接触坚持进取精神。

在赚快钱、抢市场的“闹市”中，段兆法常常走在林荫小道上思索着如何将白酒文化发扬光大，打造看得见的传承，启动金裕皖酒文化园项目，建设金裕皖非遗传承传习基地，重现白酒古文化。他坚信文化与传承才是中国白酒走向世界的核心力量，而当下这种力量有些薄弱，需要白酒企业家携手同心，凝聚一切力量，发出中国酒文化的最强声音。

金裕皖：做有“普世”价值观的中国白酒

抢门头、夺商超、打品牌，白酒江湖一直硝烟弥漫。有人急功近利、善走捷径，攻城拔寨式迅速完成版图扩张，有人始终如一，秉持消费者万岁的信仰，坚守匠心传承。在这个百亿级、千亿级酒企横飞的年代，又有多少有人依旧能够站在高处傲视群雄、制胜江湖。

触目可及的青草，落地寻食的鸟儿，坐落于皖北界首市东城科技园区的安徽省金裕皖酒业有限公司似乎拥有着一道天然的屏障，阻拦了外界的嘈杂，还原了大自然应有的宁静。段兆法总喜欢在清晨的鸟啼声中在这片平和的土地上踱步，放飞自己的思绪。

白酒走俏，必有竞争。安徽白酒行业向好发展之时也迎来了省内各家酒企角逐。数据显示，目前安徽白酒企业约有550家，其中规模以上企业112家。

“白酒企业面临的不仅是省内的竞争，还有省外酒企的虎视眈眈。我们只有不断优化产品结构，深耕消费群体。”作为一名行业老兵，段

兆法深知白酒行业早已天翻地覆，酒企的每一步都需要深思熟虑。“不一定非要做高档酒，把白酒做成老百姓的日常饮品一样很有意思，坚守‘普世’的价值观，让每个老百姓都喝上好酒，去掉包装喝好酒，我迫切地认识到只有追求高性价比才是金裕皖酒业发展的不二选择。”

段兆法坚守“普世”的价值观，与其高瞻远瞩的格局不无关联。早在2005年，他就已经看清白酒市场未来三分天下的走势。既有茅台、五粮液之类的质优价奢的高端企业，也有质优价高的区域龙头企业，还有质优价宜的走基层路线企业。

“去掉包装喝好酒，抛弃包装的‘负担’，让老百姓花三四十元就能喝到几百上千元白酒的质量，坚守‘普世’的价值观。”在他的眼中，三斤粮食一斤酒，三斤原酒一斤好酒，拒绝虚高酒价，让老百姓喝上三十多元一瓶的好酒，这是提高老百姓幸福指数的民心工程、社会工程。

“金裕皖的定位就是走质优价宜路线。”通盘分析后，段兆法认为，国内多数白酒企业将战略锁定在中、高档酒之上，全力争夺中档以上的消费群体，却忽视了基层大多数人群的消费需求，以致这部分市场一直处于空白状态。

走基层消费群体路线，既需要在价格上实现亲民，也需要在品质上赢得口碑。段兆法深知，白酒行业“如逆水行舟，不进则退”。依托省认证企业技术中心，先后与江南大学、安徽大学达成产学研合作，对白酒酿造技术继续深入研究。突破了许多条条框框，大胆对原料配方、工艺操作进行适当的调整，成功地实现了五粮工艺的引进、消化和吸收，创造了独具特色的金裕皖手工酿造技艺，成为中原地区五粮工艺的先行者。

金裕坊：看得见的传承

临近金裕皖厂区，一股浓郁的酒香、糟香扑鼻而来，一片欣欣向荣的景象映入眼帘。井然有序的封装车间流水线，灌装、压盖、贴标、质检，一件件金裕皖酒从这里发往市场；热火朝天的曲酒车间，一根根连着甑锅的不锈钢管道，都有金裕皖酒潺潺流出，散发出浓郁的五粮香气……

“金裕皖是金裕糟坊产品的延伸，我是第四代传承人，也是省级

非物质文化遗产传承人。”谈及金裕皖名称的由来，段兆法讲起了一段历史。

据《颍州志》记载：北宋皇祐二年（公元1050年）秋，颍州知府欧阳修巡视界沟（今界首），闻酒香，见酒坊。一叟求赐名。修曰：“民风淳朴，金天裕地，金裕何如？”金裕皖由此得名。

1987年7月，刚从阜阳商校毕业的段兆法便进入了彼时的界首国有酒厂。“祖父和曾祖父都曾是当地有名的糟坊主。我从小就是听着金裕糟坊的故事，围绕着酒窖、酒糟、酒缸长大的，因此对传统的老五甑工艺和流程烂熟于心。”依靠祖传而来的酿酒手艺，他很快成为酒厂的核心力量。

机遇总是留给有准备的人。2005年，集体企业迎来改制，安徽金裕皖酒业有限公司成立，于是他成为该公司的董事长兼总经理。

“这是一个机会，我要让手工酿酒工艺传承下来。当酿酒成为一种艺术，其品质自然可窥一斑。但金裕皖并未留在这种古老、传承的工艺之上，而是与时俱进，紧跟时代步伐。”采天地之灵气，集酿造之精华，段兆法立志酿造出众口皆碑的金裕皖酒。

“当前社会，互联网、大数据等技术日益发展，金裕皖要与之融为一体。”面对白酒行业的激烈竞争，他带领金裕皖及时转变生产经营方式，开辟出一条充满“科技味”的传承模式。对金裕皖传统酿造工艺的传承与保护实现了创造性的转化与创新化的发展，将非遗技艺融入日常生活中，让老百姓看得见、摸得着。

公司设立金裕皖酒数字化生产线，建立数字化管理中心。“只需要一部手机或一台电脑登录系统，就可以实时查看金裕皖酒从田间到酒桌的全过程。”据段兆法介绍，该远程监控系统覆盖了绿色原粮生产基地、原酒酿造、陶坛储藏、封装生产、仓储物流、成品检测六大模块，涵盖了金裕皖酒生产的全过程，实现了从田间到酒桌全过程移动客户端实时在线的监控和展示，构建了“基地生产”“仓储在线”“检测在线”等食品质量安全可视化追溯体系。

2018年12月，金裕皖酒被安徽省酒业协会评为“安徽酒业优秀产品奖”；2019年5月，被中国绿色食品发展中心评定为“绿色食品”；2019年9月，被中国旅游协会评为“2019中国特色旅游商品大赛”金奖。这

一连串荣誉的背后是消费者对金裕皖酒的认可。“金裕坊在酒质上实行‘三百三不加’的做法，三百即百分之百固态纯粮、百分之百手工酿造、百分之百陶坛储存。三不加是不加酒精、香精、糖精，原酒的配方严格按照双轮酒、池底酒、优质酒、一级酒的比例，勾兑调味。”如果说金裕皖酒是大众简装酒，那么金裕坊就是高端简装酒，在品质上我们做到了极致、做到了极限，做到了别人无法突破。

“接下来，我们还要成立大数据中心，将数字化生产技术覆盖公司的梅兰竹菊酒、小镇青年酒等产品，推进‘一部手机看非遗传承技艺建设’和‘数字金裕皖’建设向更深更细致处延伸。”一条清晰的数字化、现代化之路，早已在段兆法的脑海中成型。

金裕酒庄：非勾兑白酒的倡导者

千年中国酒，七成浓香美。作为中国白酒最典型的代表，金裕皖酒是消费群体喜爱的重要品类之一，段兆法立志要酿出一款不一样的浓香型白酒，做出金裕皖的风格、创出金裕皖的个性。

公司由段兆法带头技术公关，对原料配比与堆积发酵等工艺进行优化和创新，特别是对高温堆积的研究，可有效提升出酒率，改善口感，具有浓郁窖香和幽雅酱香的复合香气，绵甜、醇厚、丰满、协调，余味悠长。

“如今，金裕皖的酿酒有六道手续，其中四道手续必须经过手工。”他自豪地说。从选粮上，金裕皖选用的高粱、大米、玉米、小麦、糯米五粮酿造，并得出“观其色、闻气味、摸其格、咬其骨”十二字诀。选粮之后便是拌料，手工拌料是一个非常讲究的过程，需要做到稳、准、细、净，只有具备多年经验的酿酒师凭借敏锐的触觉与感官，才能完成整个拌料过程。

实际上，在金裕皖整个酿酒过程中，酿酒师的作用尤为关键。在分层起窖阶段，酒窖发酵的程度如何全凭酿酒师的感官鉴定，这是一个复杂、精细的过程，每一个细节都关乎后期酒质的优劣。

而在手工勾调环节，酿酒师使用“以酒调酒”的物理调酒法，调出香、甜、净、爽、长的美酒。到了手工上甄也是出酒前最关键的环节，酿酒师必须细心做到每一层轻、松、薄、匀、散。

整个酿酒流程中，看花摘酒最有意思。“看花”是通过观察酒花的大小、酒花滞留长短得知馏出液的酒度高低。而“摘酒”是指在馏酒时，蒸馏温度不断升高，馏酒时间不断增长，酒精浓度由高逐渐降低的过程。

“金裕皖采取陶坛窖藏，陶坛透气性好，不渗透，保证酒在坛中积蓄酯化老熟成为‘活’酒。”段兆法补充道。

这一缕酒香，一杯好酒，承载着金裕皖酿酒技艺的新突破，更是金裕皖酿酒师们心怀敬畏，遵循古法，在两千多条窖池边默默付出的最好回报。一群人，一辈子，脚踏实地，顺应天时，耐住心性，不着急、不浮躁，最终得到大自然最丰厚的回报——金裕酒庄酒。

2020年，公司秉承着养生态、摘工艺、藏文化的定位，金裕酒庄实现了从手工酿造到大师摘酒的传承。非勾兑白酒，是消费者对白酒回归本质的迫切需求，是对白酒行业回归酿酒本源的呼唤与呐喊。

领军者：社会责任的践行者

中国工业影响力70人物、全国第九届“创业之星”、省级非物质文化遗产传承人、“金牛奖”优秀企业家、“十大杰出青年”、“安徽省食品行业优秀企业家”、“阜阳市劳动模范”……

“荣誉越多，责任越重。”段兆法说他现在的社会责任主要有三点：一是将看得见的传承继续传承下去；二是投身社会公益；三是促进绿色环保可持续发展。

“于我而言，对口做些扶贫的公益活动是一件非常幸福的事。”在

中国非遗

绿色食品
绿色食品生产线
禁止烟火
名品
金裕皖

追求利益的今天，一句朴素、简单的话弥足珍贵。

“企业的发展决不能以污染环境为代价。”草长莺飞、鸟语花香、酒香四溢的厂区是他推行绿色发展理念的第一步。依托文化底蕴深厚、文化资源丰富，打造花园式金裕皖厂区。消费者可在品尝美酒的同时，一赏皖北美如画的好风景。

下一步，启动金裕皖酒文化园项目建设，打造金裕皖非遗传承传播基地。设立金裕皖酒文化博物馆、金裕皖酒品鉴中心、金裕皖酒精品展厅、金裕皖酒酿造技艺传承基地、金裕皖酒大师工作站、金裕皖酒文化游园、游客接待中心七大功能区块。并融合文化和旅游功能为一体，不仅可以开展金裕皖万人探秘游，也可以开展万人自调酒体验、千人自调酒大赛等活动。“金裕皖的未来是成为集产品生产、文化传承、个人体验于一体的综合型企业。”

从一无所有、白手起家，到试水高档盒酒，四处碰壁，再到峰回路转，专注简装白酒，段兆法实现涅槃重生。从与看得见的传承相结合，到与现代科技相对接，再到与文化基因相碰撞，金裕皖迎来破茧重生。

一曲新词酒一杯，金裕皖酒传百年。在一颗酿出美酒的赤子之心、一种百折不挠的工匠精神、一门传承百年的精绝技术的支撑下，金裕皖将创造出更多的成果，再造徽酒传奇。

郭端

安徽华翼金属集团有限公司董事长

我们以高质量发展为指引，突出『人和、物和、利和、心和』的和谐主题企业文化体系。

郭　端
以和为贵

文/邵梦　摄影/姜朝洋

位于皖西北的界首市，既没有山也不临海，一马平川的皖北平原地貌称得上“地上没资源，地下没矿产”。

虽然没有富饶的自然资源，但界首市另辟蹊径，以“工业兴市、工业强市”战略开发“城市矿产”资源，成功探索出一条循环经济的绿色发展道路，成为全国循环经济示范市和全国60个循环经济典型模式之一。

安徽华翼金属集团有限公司董事长郭端透露，界首市再生企业缴纳税收占界首市财政的比例很大。

在进与出、旧与新的转换中，界首市循环经济产业经历了从无到有、从小到大、从弱到强、从无序到规范的过程，用破茧成蝶来形容毫不夸张。

从社区书记到丰收电机厂的创始人，从重组八家再生铝冶炼厂到接过华翼金属集团掌舵者的权杖，过去20年间，郭端的人生与界首市工业经济的发展相互交织，既展现了一个企业家临危受命、力挽狂澜的气度与魄力，又开启了界首市发展绿色经济的新征程。

未来，面临行业集中度低、结构亟待调整、下游消费市场低迷、市场竞争日趋白热化等重重压力，郭端却意欲反其道行之，以华翼为基础，建立再生资源循环利用基地，打通再生铝的全产业链，使其成为界首市发展再生资源行业的新典范。

“没有落后的产业，只有落后的企业。”在郭端看来，逆风的方向更适合飞翔。

十年磨一剑

萌芽、崛起、兴盛……见证了界首市循环经济发展的全过程，郭端感慨万千。

他回忆，20世纪80年代，当地群众在人均三分田的困境中把目光瞄向了铅冶炼，“一口锅、一把柴、家家户户炼起来”“村村点火、户户冒烟”成为当时的一大“景观”。

然而，随着环保力度的日益加大，这种无序冶炼的状态很快便戛然而止。20世纪末，为加强生态保护和治理，界首市将年产量2000吨以上的17家冶炼企业集中管理、统一治污，其余小冶炼作坊全部取缔。

2005年，基于大量当地群众“跑全国、收全国、卖全国”进行废品回收交易的历史和经验，界首市委、市政府开始对循环经济产业发展

实行园区化开发和管理，成立了田营、西城、光武、鸭王四大循环经济工业区。

从此，通过整合资源、园区开发、优化提升、科技引领、品牌打造，全市开始走上了开发"城市矿产"、实现绿色崛起的循环经济发展之路。

十年磨一剑。2016年7月，经安徽省人民政府批准，安徽界首经济开发区更名为安徽阜阳界首高新技术产业开发区，下辖五个产业园更名为科技园，其中田营、西城、光武、北城四个科技园属于再生资源循环利用科技园。

以废旧蓄电池再制造为主导产业的田营科技园、以再生铝循环利用为主导产业的西城科技园、以再生塑料回收加工利用为主导产业的光武科技园……三大循环经济科技园成为界首市实现工业强市战略和奋力崛起的主导力量，在全国资源循环利用产业发展过程中发挥了较好的示范引领作用。

公开数据显示，三大科技园总体规划面积16.65平方千米，已建成6.65平方千米，累计完成基础设施投入10亿元，入住企业134家，吸纳就业7万余人。

截至目前，各科技园在全国形成回收网点达4000多个，年回收利用废旧蓄电池100万吨、再生塑料200万吨、再生铝30万吨。

其中，西城科技园形成了废铝材熔炼、铝锭、铝板、铝型材、铝铸件、铝彩膜、泡沫铝的产业链条，并随着产业转型升级进一步向高附加值领域延伸。

这是继江西丰城、湖南汨罗、河南长葛等地再生金属主要集散地之后，在内陆诞生的另一个再生金属科技园区。

随着国内废铝总量不断增多，再生铝的发展已经越来越得到人们的重视。在发展的初期，再生铝产业主要集中在华东、华南等沿海发达地区。界首西城科技园正是再生铝在内陆的发展方兴未艾的标志。

安徽华翼金属集团是伴随着界首西城科技园崛起的典型之一。

国家税务总局分别于2004年5月、2005年5月和2007年4月出台了相关政策，加强对废旧物资回收、使用单位增值税征收管理，实行免税资格认证，清理检查回收单位。

其中，为了支持再生资源行业发展，解决“征三返七”政策的退税难题，国家层面在2001—2008年对回收企业实行免征增值税政策，

2009—2010年实行先征后返政策（2009年返70%，2010年返50%）。

税收政策的利好，大大激励了再生资源回收和利用企业的积极性，提高了再生资源的回收利用率。

在形势一片大好的行业背景下，创始人宋金林投资1.53亿元一手创办了华翼，主营铝锭、铝棒等多种再生铝制品。

十年后，郭端成功接棒华翼集团掌舵者的权杖，并坚持自主创新理念，将其打造成安徽省再生铝锭地方标准的制定企业，并成功跻身国家级区域性大型再生资源回收利用基地项目承建单位，下辖10个再生铝车间和1个大型再生资源回收市场，拥有16项专利，其中发明专利1项，实用新型专利15项。截至2019年底，华翼完成销售收入6亿元，税收超过8000万元。

"集团以高质量发展为指引，培育形成了以'求实、创新、共创、共赢'为核心的企业精神，突出'人和、物和、利和、心和'的和谐主题企业文化体系，我们华翼始终走在自主创新的第一战线，强化管理和产、学、研合作，加大对技术改造投入的力度，力争不断延伸产值链条，实现跨越发展，做大做强再生金属产业。"郭端介绍，技术创新体系的建设是华翼十多年来一直坚守的底线。

一系列荣耀加身足以佐证这一切：2008年，华翼获得安徽省再生有色金属生产工艺创新先进企业称号；2009—2013年连续获得阜阳市节能先进企业称号、阜阳市百强企业称号；2016年获得安徽省企业技术中心称号……

必须走资本市场道路

看到如今华翼集团渐渐步入正轨，郭端是欣慰的。但同时，过程之曲折，也令他百感交集。

时针拨回2003年，时任界首汪庄社区书记的郭端，人生与再生铝压根扯不上一丝关系。那时的他每天想的都是如何带领汪庄社区的村民们脱贫致富。

"将经济搞上去才是我们唯一的出路。"他这样想。

他仔细分析了界首的产业基础，并发现，“跑全国、收全国、卖全国”的再生资源行业已经在当地形成了成熟的产业链条，从再生金属、再生铅到回收塑料、毛发，各个细分领域早已被瓜分殆尽。

“界首就这么大，市场也就这么大，人人都做同样的业务，其结果可能是大家都没饭吃。”郭端有了想要差异化竞争的念头。

此时，回收废旧电机这条路进入了他的视线。

回收废旧电机做自吸水泵加工铸造；带领100多位村民远赴浙江台州等产业较为发达的地区学习技术；在汪庄小学租下两家瓦舍成立“丰收电机厂”，以公司化运营模式走工业经济发展之路……直到2006

年，随着界首四大工业园区的落成，郭端意识到，对位于西城区核心地带的汪庄来说，发展的机会来了。他立即整合了全村600亩土地，用于工业生产。

然而，令郭端万万没有想到的是，大搞工业经济、高速发展的节奏有一天竟会戛然而止，而这一天的到来并不久远。

2012年，受宏观经济影响，我国再生资源回收利用总量、回收值较2011年同期有所下降。其中，废钢铁、废有色金属、废塑料、废轮胎、废纸、废弃电器电子产品以及报废汽车、报废船舶八大类别的主要再生资源回收总量、回收总值双下降。回收总量达16035万吨，同比2011年减少426.8万吨，降幅为2.6%；回收总值为5413.4亿元，同比2011年降幅为6.1%。

一方面，退税政策的逐步取缔，令企业利润单薄；另一方面，环保力度的持续加大，令许多环评不达标的企业面临关停并转的命运。

在界首，大大小小的再生金属冶炼作坊经过一番严格的环保整顿后，最终只剩下八家。

以华翼金属为代表，这八家工厂的日子并不好过。为了帮助企业恢复元气，郭端决定，将这八家企业进行资源整合、统一收编，组建成如今的华翼集团。

“整合的好处在于产品质量统一标准、销售统一口径，管理成本下降。”然而，不久之后，郭端便发现，理想很丰满，现实却很骨感。

尽管华翼集团已经将八家作坊整合，但分散经营的弊端迅速凸显出来。八家作坊经营者思想不统一，你不服我、我不服你，无法进行统一管理。不仅如此，分散经营最终造成了财务混乱、税收混乱。

长此以往，抱团发展简直是天方夜谭。

郭端举例，2015年华翼计划登陆新三板时，合伙人之间的矛盾激化到了顶点。尽管当时八家工厂都面临严重的资金缺口，但个别合伙人因为不了解新三板，拒绝进行股份制改革、走资本市场道路。

“为什么要上新三板？”“上新三板对我有什么好处？”那段时间，郭端几乎每天都要面对同样的疑问。

“无论如何都要上。”面对长期的矛盾，郭端已经到了无法坐视不理的地步，作为董事长，他必须第一时间站出来，力排众议，作出决策。

然而，最终他亲历了“一个和尚挑水喝、两个和尚抬水喝、三个和尚没水喝”的残酷现实，在新三板折戟沉沙，至今令他痛心不已。

“未来我们势必要走资本市场道路，尽管困难重重。”直面过去的失败，他的眼神逐渐变得坚定。

打通产业链

眼下，行业再一次来到转型的岔路口。

首先，行业集中度不高，“小、散、乱”的状态普遍存在。

郭端表示，目前，我国再生铝企业约为2000家，其中，年产量在1万吨以上的再生铝企业只有30家左右，而年产量10万吨以上的企业只有几家，其余均为小型企业甚至家庭作坊。“这些企业结构较单一、规模偏小、实力偏弱，再生资源经营业务发展相对滞后、行业标准不规范、生产的产品质量参差不齐。规范化、集约化、标准化程度以及行业机构均有待进一步提升。”

其次，随着我国报废汽车、家电、建筑材料的数量逐渐增多，同时政府不断健全废铝回收体系，并且基于环保的考虑对进口废铝制定了一系列的政策，使得我国进口废铝规模呈现逐渐萎缩的趋势。

尤其是在再生铝消费中占主导地位的汽车工业领域，基于其在2018年、2019年的低迷状态，未来势必对再生铝的消费造成影响。

面对行业“阵痛”期，郭端并不畏惧。

“实施资源再回收是生态文明建设的重要内容，是实现绿色低碳发展的重要途径。因此，再生资源行业依然是发展绿色经济的‘朝阳’

行业”。

迎着这片“朝阳”，郭端将继续在再生铝行业中不断前行，将对华翼集团进行股份制改造，优化重组，使其轻装上阵。他计划打通产业链，立志使华翼集团成为界首市循环经济的典范，在界首市委市政府规划的西城科技园“百亿铝基新材料产业园”中发挥作用。

他透露，未来，华翼将在西城科技园建立再生资源循环利用基地，做好正在投资建设的宜尚智能家居全铝家具的上游供应链。

“该基地将由‘五区一中心’组成，分别为商品交易区、分拣加工区、仓储配送区、商品展示区、配套服务区、信息中心。”他介绍，基地将主要经营铝锭、铝棒、塑料颗粒、铝板、铜棒、铝铸件、铁铸件、铜线、铝线、铝型材等产品收购、分拣、加工和交易。

正式运营后，预计年回收利用各种再生铜、再生铝、再生铁以及其他再生金属10万吨，实现约15亿元产值，税收8000万元。

一个完美的蓝图正在郭端心中渐渐明晰起来……

郭宗余

安徽省生宸源材料科技实业发展股份有限公司董事长

企业的成功并不能归功于企业家个人，是整个社会的共同努力。

郭宗余
创业是一段旅途

文/陶杰夫　摄影/徐璐

郭宗余相信他们这一代企业家是一种社会现象，很难复制。

6岁学会做农活，14岁挑担子挣钱，23岁远走他乡谋生……社会在进步，时代在变化，每一个年代的创业者都有属于自身的“烙印”。而郭宗余的“烙印”是集改革开放时代背景与创业者强烈改变命运意愿于一体的产物。

属于改革开放年代的他早已纵横“商界沙场”30余年。如果说看到管道价格信息差尝试从贵阳进货到安顺售卖的生意只是初露锋芒，那么租下1000平方米的仓库就是一种决心，盘活安顺五星建材市场更是一种能力，成立研发中心便是一种视野。

历史上徽商有吃苦耐劳的创业精神、团结合作的创新精神、重仁重义的诚信精神、以众帮众的团队精神，这些精神在“新安徽人”郭宗余身上都得到了很好的体现。随着安徽省生宸源材料科技实业发展股份有限公司稳步前进，郭宗余正在寻求资本的力量助推管道事业更进一步。

没有声音的管道

2019年国庆节之后，安徽阜阳界首高新区光武科技园内一片繁忙的景象，一边是二期厂房建设如火如荼，一边是满载各式管道的卡车整装待发。其中一根直径达1.8米的管道格外引人注目。

“这些管道的原始材料都是再生塑料，如洗发水瓶、洗涤剂瓶、调味品瓶、洁厕剂瓶、洗衣液瓶等，主要用于城市排水、排污等。”正忙于指挥卡车进出的郭宗余自豪地向我们介绍。

在国内经济新旧动能转换期，循环经济成为重点，其不仅支撑着经济高质量发展，还衍生出社会、资源、生态等多重效益。而作为循环经济发展重地，界首市为推动循环经济产业发展打出了组合拳，既有扶持企业的政策，又有相关奖励办法。

2019年上半年，界首市实现资源循环利用产业产值315.8亿元，占全市总产值的78.8%。在政策的激励和推动下，界首市出现了一批以循环经济为主导产业的企业，安徽省生宸源材料科技实业发展股份有限公司便是典型代表之一。

时间回到2009年，彼时位于贵州省安顺市平坝县的贵州国塑科技管业有限公司已经完成建设并投入生产，郭宗余的管道业务迎来高光时刻，销售范围遍及云南、四川、湖南等地。

“企业进入正轨之后，我想做一些自己的事。因为我发现实体企业必须有核心技术，否则经不起风吹雨打。”郭宗余口中的核心技术即投入管道的科技研发。

在他的眼中，国内传统的城市排水、排污管道，更多采用钢筋混凝土管和塑钢管两种方式，这两种方式都有自身的缺点，即畅通性差、抗压性差、抗腐蚀性差等。“我要做出一个流水没有声音的管道。”

与所有创业者一样都会遇到的问题就是如何在缺乏资金和人才的情况下，将自身的想法付诸实践，并取得成功。

“那时每一个夜晚都非常煎熬。”创业是一场孤独的旅行，还是一段永无终点的旅程，更是一场永不停息的修行。郭宗余的创业之旅虽然

充满挑战，但天生喜爱挑战的他并未退缩，而是选择直面问题。

2012年前后，郭宗余先后与多位专家合作组建了排污管和PVC（聚氯乙烯）颗粒组组件两个研发小组。随后排污管道、木塑静音管道等产品相继问世。

“我们每年投入销售收入的3%作为经费，用于新产品研发及产品工艺优化，还与国家复合改性聚合物材料工程技术研究中心等共同组建了研究院，这些产品主要应用于市政给水、市政排水排污、海绵城市、综合管廊、农村雨污分流等领域。”十年磨一剑，功到自然成，在稳扎稳打有了核心技术和“硬核”产品之后，郭宗余带领企业走上了规模扩张之路。

2016年，迈向全国战略呼之欲出，安徽省生宸源材料科技实业发展股份有限公司正式成立。

“生宸源项目计划总投资10亿元，按照100亿元产业园区规划去发展。目前一期已经投产，第一年就完成2亿元的销售额。未来这里将进行金纤管16代技术研发。”2018年8月，在界首市和郭宗余的共同努力之下，生宸源项目初步落地。

管理学家彼得·德鲁克曾说：“不创新，就死亡。”从专注管道贸易业务，到投资科技研发，生宸源完成了蜕变，成为一家具有核心科技力量的企业。

“2020年，预计以安徽生宸源为中心向外投资建立三个分厂，到2021年在全国各地建立五个生产基地，并在主板上市。”运筹帷幄之中，决胜千里之外，郭宗余坚信企业发展需要品质和科技两个拳头同时发力才会越走越远。

创业没有捷径可走

坚持不懈、吃苦耐劳、奋发好学……回顾郭宗余整个创业生涯，你能感受到他身上的那股闯劲，能够感受到改革开放后那代企业家不屈不挠的精神。

1992年，郭宗余正在重庆经营一家木漆厂，但由于出现资金周转问题，这家工厂不得已而关闭。这也是他创业生涯的一段小插曲。

时年23岁的他决定离开家乡重庆，和妹妹一起远赴贵州安顺开启创业生涯。“那时想出去挣钱，但又身无分文。于是就扒了15个小时的火车。”到达他乡之后，郭宗余便来到安顺汽车运输公司从一名民工做起。

3个月之后，他又转战贵阳在一家涂料厂做起了学徒，也在那里学到了仿瓷涂料、乳胶漆、地板胶水、喷漆等一系列手艺。“虽然那时每个月的工资只有123.5元，但能够学到手艺我还是很开心。”

经历两年的技术和资本积累，1994年6月，郭宗余以每月300元的价格租下了一个面积仅有9平方米的门面，主要售卖各种涂料、瓷砖等。然而门店开张初始阶段经营状况并不是太好，缺乏周转资金的他不得不一边经营门店一边出去承接贴地板、做喷塑等苦力活。

在那个年代，每一位创业者的身上都会留下一些记忆。为了节省购买原料的资金，郭宗余想方设法自己熬制原料。“主要熬制一些胶水，没有机器只能用手去搅拌，因为里面有烧碱，那种火烧一般的痛很难

忘记。”

白天出去做工以工养店，晚上回来熬制原料，在每天100—200元的进账资金积累下，1996年，郭宗余打算扩充门店，又租下了面积100平方米的库房，也花费了2万余元购买了人生中第一辆货车。

善于发现机会，准确找到商机一直是他的强项。“当时由于信息传递缓慢，各地存在严重的信息差问题。我发现安顺卖材料的价格远远高于从贵阳的进货价格，这里面存在利差。”1997年，已经积攒了20余万元的他决定再次升级门店，租下了一个1000平方米的仓库，干起了从贵阳进货到安顺售卖的生意。

时光匆匆流逝，如同白驹过隙。从民工到租门店，再到租仓库，郭宗余的管道贸易年销售额已经过亿元。其间他组建了自己的家庭，也买下了属于自己的房子。本可以享受安逸生活的他再次出发，尝试跨行业的二次创业。

2000年，有了充足的资本积累后，郭宗余跨行业做起了租赁。“那时的安顺五星建材市场效益很差，我就和朋友一起接手，主要是把门面租给一些经销商。”这样一做便是五年。

与郭宗余交谈过的朋友总能受益匪浅，既能感受到他的睿智和好学，也能看到他的一路艰辛。出生于农村家庭的他有一位姐姐和一位妹妹，由于家中贫寒，郭宗余6岁就学会帮助家里做农活，9岁学会掏黄鳝赚钱，14岁通过帮别人挑担子挣钱。在这个劳动过程中，他的经商理念也慢慢形成。“这是我人生中最宝贵的财富，也是特定环境下出现的一种特殊现象，很难再有了。”

如果说小时候的生活积累为郭宗余创业打下了根基，那么勤奋好学则为他接下来的事业铺好了基石。早在1995年，他已经意识到自己的学问不够，限制了能力的发挥。于是便读起夜校，花费了两年时间完成了企业管理、会计等课程，成功拿到中专学历。

2000年，随着企业的发展，他再次求助贵州省财经学院徐大佑教授进行指导，随后就读北京航空航天大学MBA，拿到了研究生同等学力证书。

博观而约取，厚积而薄发。经历一次次“充电”之后，郭宗余对企业经营、生产管理和经济形势有了自身的见解。

2000年4月28日，贵阳聚泰源贸易公司正式成立，成为贵州省当时最大的管道卖场。与此同时，他着手收集全国管道行业的信息，奔赴各

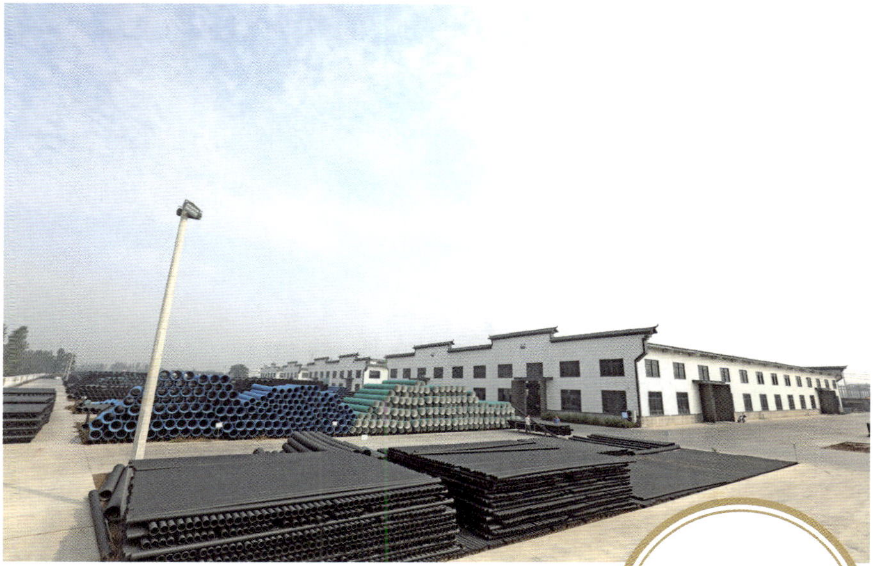

郭宗余的管道事业

地调研。2008年，在贵州省安顺市平坝县，郭宗余投入3亿元建立贵州国塑。

世上没有不谢的花，人生没有不弯的路。郭宗余的创业旅途有太多故事，也有太多“事故”。不过这又何尝不是他的人生财富？创业没有捷径可走，因为潮水退后，谁在裸泳一目了然。

企业家要学会自律

“企业文化建设是企业一步一步走出来的，不是靠口号。”2019年10月20日下午，界首市高新区企业家沙龙在安徽省生宸源材料科技实业发展股份有限公司临时活动板房会议室内召开，数十位企业家围绕“企业文化建设”进行了交流。郭宗余结合自身的创业经历谈了自己的感想。

他认为，孝心、责任心、忠心、事业心、感恩心、天地良心是生宸源核心的企业文化。

事实上，为进一步加强企业文化建设，提升企业发展活力，界首市高新区一直在积极引导和支持园区企业建立自主学习阵地，努力营造学习氛围，为企业又快又好发展提供多方位保障。“安徽生宸源实业商学院”便是典型代表，这也是由界首市第一家企业自主成立的商学院。

从2016年投资建设到如今，郭宗余一直重视生宸源的企业文化建设，设立商学院是为了更好地与其他企业进行交流和研究。通过总结经验和借鉴学习，他意识到企业文化的内涵并不是找几个人成立部门就能够顺利建立。“它需要积淀和沉淀，是一个漫长的过程，是企业在攻坚克难中与员工共同努力而形成的核心文化。”眼看着有些企业抄袭网上“鸡汤”热文，频繁更换标语，郭宗余有些着急。他认为，企业文化是先教会员工做人，要有基本的孝心和做事的责任心后才有对企业的忠心。

以建立现代企业制度为基础，以积极迎接新形势新挑战为主线，以创新管理为主题，以科技进步为动力，在郭宗余的心中，企业文化要与企业制度同轨运行，要与时代并行发展。

任何一个知名的企业都是时代的产物，企业与社会发展紧密相连。宏观经济的周期性也直接影响企业的发展策略。郭宗余时常告诫自己，一定要自律，既要善于发现准确的机会，又要注重科技研发。

“有很多机会看上去很美，却是镜中花、水中月，企业要根据自身发展的不同阶段的实际情况决定要不要进行规模扩张。”他认为，科技研发是一条“不归路”，不适合每一个企业，但有能力的企业还是要大胆尝试研发。

正如《礼记·中庸》所言：“君子戒慎乎其所不睹，恐惧乎其所不闻。莫见乎隐，莫显乎微，故君子慎其独也。”

这一切的背后正是郭宗余慎独创业哲学的展现。深爱学习的他认为，一个企业无论处于什么发展阶段都要有全局观，绝不能只看眼前忽略长远，要善于向不同的企业学习，运用适合自身的战略思维，注意从资本、公司机构等维度规划出一个长远的发展战略。

通观郭宗余的创业旅途，既有积极奋斗进取的一面，也有君子慎独稳扎稳打的一面。通观郭宗余的家庭旅途，既有百善孝为先的一幕，也有关爱幼小的一幕。

与其接触过的人都知晓郭宗余是出名的孝子。他曾说1998年用“欺骗”的方法将他的父亲从重庆拉出来为他的事业服务，但一颗真诚的孝心着实难以掩盖。

知悉郭宗余的人会发现，他一直都在为企业和社会默默作出自己的贡献。“企业的成功并不能归功于企业家个人，而是整个社会的共同努力。因此，每一位企业家都要为社会做更多力所能及的事情，体现出一名成功企业家的责任和担当。”

贺杰

讯立达集团有限公司董事长

用感恩的心做人，
用专业的心做事。

神 龍

贺　杰
借“梯”登高　乘势而上

文/詹程锐　摄影/姜朝洋

身着西装领带，笑意盈盈，热情却不过分热络，平易近人而又不失威严……即使是第一次与贺杰见面，你也能在最短的时间里被他身上的儒雅、热忱深深打动。他的每一句话、每一个动作、每一副表情都充满真诚，瞬间拉近了与笔者之间的距离。

从政府部门的文职人员到漂泊在外的打工者，从建筑工程行业转型到高新科技行业，从负债累累的创业者到讯立达集团有限公司掌舵人，光阴流转多年，贺杰始终将“脚踏实地”作为自己的人生哲学，用力书写着属于他的精彩故事。

工作上，他以身作则，十年如一日，严以律己，兢兢业业；管理上，他不拘一格，大胆创新用人制度，挖掘出一批年富力强的业务骨干，激发企业内生动力；营销上，他紧掐市场脉搏，带领企业完成了一个又一个飞跃。

“用感恩的心做人，用专业的心做事。”如今，回首多年前那个一身闯劲的追梦青年时，贺杰的记忆匣子被慢慢打开,很多经久的事和经久的人,再次在他的记忆深处活了过来。

值得怀念

11月28日，已进入寒冬时节的界首，冷风刺骨，街道两旁曾经生机勃勃的草木终于抵挡不住寒风进入了休眠状态，呈现出一派萧瑟的景象。与之形成鲜明对比的是，界首市西城科技园的讯立达电梯有限公司生产基地内却是热火朝天。自动化车间内的多种机器有序操作，研发中心内的讨论声此起彼伏，办公楼内的员工行色匆匆……各项工作稳步推进，彰显着讯立达的勃勃生机。

从默默无闻的企业到如今拥有29个省级分公司、产品覆盖全国各地并覆盖东南亚国家的现代化知名企业，讯立达在贺杰的带领下，一路披荆斩棘砥砺前行，形成了“融合共享·成于至善”的价值观。八年，于历史长河中不过是白驹过隙，但对一个企业而言，却是一段决定命运和发展方向的重要里程。

每个人都是梦想家，但不是每个人的梦想都会开花结果。对于贺杰而言，创业梦想的成功从来不是“偶然”，而是坚持不懈的“必然”。

将时针拨回到29年前，机电专业出身的贺杰凭借着优异的成绩进入界首市科委工作，拥有了大多数人羡慕的朝九晚五的稳定工作。规律的作息时间，千篇一律的工作内容，一晃三年过去了，但他骨子里不安于现状的因子却跳动得愈加激烈，“我想去外面的世界看一看，闯一闯”。

1994年，贺杰辞去了舒适的工作，只身一人来到改革开放氛围最为浓厚的南方——广东，并先后到广东中山无线电总厂、云龙集团边打工边学习。由于勤奋好学，他很快成了所在公司的技术骨干。

“在外漂泊14年，对我而言，最大的收获是我所学的机电专业技能水平得到了很好的提升以及学习到了当时很多先进的技术。”

作为农村走出来的孩子，贺杰对知识有着强烈的渴望。在广东中山无线电总厂工作时，除了积极学习广东话克服当地方言的障碍外，他还

像一块海绵在不断汲取当时国内先进的互联网、电子技术。令其记忆深刻的是，在学习互联网及电子技术时，在实验室里他经常废寝忘食，甚至好几次被保安误以为小偷。

谋定而启动。早在创业之初，贺杰的战略思维就非常清晰。2008年，无论是从技术角度，还是从市场角度，对建筑和电子行业都有了深入了解的贺杰决定回到家乡，开启人生的第一次创业。

“第一次的创业经历，让我充分感受到人间的冷暖与世事的变迁。”起初，贺杰为了筹措启动资金，向身边所有的亲朋好友都借了一遍。然而令他深受打击的是，一些平时看起来很热情的朋友却在得知他需要筹备资金时选择疏远他。彼时，贺杰心里暗自下定决心，一定要成就一番事业。最终他花了一年半的时间筹措到十几万元的资金，并带领20多位返乡发展的亲戚一起创办了钢结构厂，“之所以选择建筑钢结构行业，首先是因为我身边很多在外打工的亲朋好友有这方面的经验，其次是建筑钢结构入行门槛较低”。

机会总是留给有准备的人。为了业务扩展，贺杰不仅自学了建筑类电脑软件，还学习了艺术设计。每次在前往工地与客户沟通方案时，他都会将电脑及打印机带上，并在现场根据客户的要求将具体的施工方案、设计图和报价等信息全部汇成一个清晰的表格，供客户参考。

“创业那几年，我每天都很充实。我基本上不是在工地与客户沟通就是在车间里与员工一起加班工作。”专业的态度让贺杰赢得越来越多客户的青睐，钢结构厂的业务订单也飞速增长。

回想起那段峥嵘岁月，贺杰至今仍充满怀念。

事业新起点

对于白手起家的贺杰而言，前行的每一步都非易事。建筑行业的摸爬滚打让他的事业如日中天，可他心底还保留了最初的梦想——从事高科技产品的生产研发。

把握商机不但要凭智慧，还要有魄力。2012年，中国房地产行业正处于蓬勃发展的上升阶段，市场对电梯的需要随之增加。彼时，想从事高科技产品生产研发的念头已然在贺杰心头肆意蔓延，而电梯行业是很好的切入点，“对于电梯生产来说，其主要核心在于控制系统的研发，刚好契合我想转型发展的想法”。于是，他当机立断，毅然放下最熟悉的领域，转战电梯的生产研发，创办了合肥市讯立达电梯有限公司，开启了第二次创业。

即便当时的电梯市场是一片蓝海，但对于一个新品牌而言，刚进入市场的时候是很难被用户接受的。如何让一个新品牌迅速站稳市场，成为贺杰不得不面临的挑战。

知己知彼方能百战百胜。要想“征服”电梯市场，首先要了解这个市场的发展情况，其次还要有电梯产品生产研发方面的专业技术。谈及讯立达的起步期，贺杰用风轻云淡的语言概括了当时自己的状态：“平均每年至少跑7万公里。”

一方面，他除了积极前往上海各大电梯企业学习先进的生产技术、管理经验外，还要去上海各大高校拜访电梯行业的专家学者，了解市场发展情况；另一方面，他制定了新的拓展市场策略，前期产品以销售到黑龙江、河南、云南等边远地区为主，当逐渐有了一定市场份额及知名度后，再转战本土市场。

如果说智慧和胆量是贺杰先人一步捕捉到市场商机的关键，那么镌刻进血液中的勤奋，就是他一路前行的制胜“法宝”。

前期，为了让用户又快又好地体验到产品效果，贺杰经常带领研发员工到施工现场安装电梯，并与员工同吃同住。在他的记忆中，每结束一个项目，工地现场都会攒好多泡面。此外，在施工期间，他会直接住进工地，平均每天只休息2个小时，“企业除了要有优质的产品外，得到用户的信任至关重要”。

功夫不负有心人，在贺杰的努力下，短短一年时间，讯立达便打通了电梯上下游产业链。2013年，讯立达电梯第一个代理商的加入，预示着企业正式步入快速发展阶段。

2014年，让贺杰周围的人意想不到的是，他在界首市西城开发区投资2000万元，把讯立达电梯生产基地搬回了家乡。贺杰表示，除了当时界首市委、市政府的招商政策利好外，他还看到了家乡的经济发展急需转型，产业也急需升级。家乡情怀浓厚的贺杰再一次回到界首，他要为家乡的发展作出应有贡献。

“回到界首后，政府不断出台鼓励民营企业发展的政策，为讯立达的发展保驾护航。截至2016年，我们产品的全国代理商已超过30家。最令我感到自豪的是，当初和我一起创业的员工，大多数都成了高级工程师。”如今，讯立达的电梯产品涵盖了乘客电梯、观光电梯、病床电梯、别墅电梯、汽车电梯、自动扶梯等系列产品，可满足用户多样化的需求，成为国内同行中产品种类最多、额定载荷最大的电梯制造厂家之一。

2016年以来，我国房地产调控政策趋严，房地产市场限购限贷力度加强，同时各项监管措施不断，导致房地产新建市场低迷及新电梯的需求日益萎缩，电梯保有量逐渐趋于饱和。

对讯立达而言，一场新的挑战似乎即将来临。

保持纯粹专注的态度

“我从来都相信，机遇与挑战是并存的。”

2019年3月，国务院总理李克强在十三届全国人大二次会议中提出，支持城镇小区加装电梯，要大力改造城镇老旧小区。目前，多个城市也出台了相应政策，对老旧住宅加装电梯给予支持。老旧住宅加装电梯无疑进一步刺激电梯消费需求。此外，棚户区改造、保障性住房建设提升了电梯市场需求。这让看似将步入低迷发展期的电梯行业，又重新焕发了“光彩”。

“2019年，整个阜阳市的电梯增量超过1万。2020年，电梯行业会迎来第二个‘春天’。”在贺杰看来，老旧楼电梯改造将给电梯行业带来新商机。

从事高新技术的产品研发是贺杰一直以来的梦想。如今，在万物互联的新时代下，贺杰开始探索电梯行业未来的发展方向。他认为，在电梯业务的基础之上，物联网将为其提供更大的服务空间。智能电梯呼之即出。

生产现场

目前，在传统电梯业务继续扩大发展的同时，讯立达还一直致力于智能电梯的研发，并打造了电梯物联网平台，贺杰介绍道："我们这个平台系统不仅可以在电梯困人时自动报警，第一时间将信息传送到后台，还能实现对电梯维修人员的在线管理，保障事后故障维修的及时性。2020年，这个全新的智能电梯系统将正式投入市场，为用户带来更多的安全感。"

除了电梯行业外，贺杰还注意到我国停车市场面临严重的车位供需不匹问题，车位供需矛盾不断扩大。哪里有"痛点"，哪里就有商机。于是，他又将目光投向了智能车库这个蓝海市场。

"相对传统车位来说，具有成本、空间利用率等明显优势的智能停车库将成为替代首选，智能停车库将为停车行业带来巨大的市场空间。"贺杰介绍道，讯立达研发的垂直升降类立体停车设备，采用与电梯类似的原理与结构，司机只需要将车停到出入口，汽车升降机将自动把车辆提升并搬运到最近的空车位，完成整个停车过程，"智能停车库将成为我们另一个重点发展领域"。

从传统建筑到普通电梯生产，再从智能电梯到智能停车库，讯立达一直从生产型企业往互联网服务性企业转型，往高新科技道路上发展。

在企业的经营管理上，贺杰也有自己的一套模式。一方面，他制定了内部创业模式，让众多的内部员工在公司生产研发等方面进行创新创业，然后交给公司进行评审，通过评审的可以获得各种形式的支持。这不仅调动了员工的积极性，还帮助企业产品不断创新升级。另一方面，他还求贤若渴，不惜一切代价引进人才，"21世纪的竞争归根结底是人才的竞争，千方百计地发现和使用人才，是讯立达发展至今的重要根源

之一”。

达则兼济天下，这是贺杰一直坚守的信念。从创业初期条件比较困难，到如今事业发展稳定，从苦日子里走出来的贺杰深深懂得饮水思源这个道理，多年来他一直积极参与各项社会公益事业，用爱心回报社会，为社会分忧解难。

“人人都要做一个善良的人，这样才能形成和谐的社会大家庭。”虽然事业忙碌，但他仍心系公益事业。2016年，任寨乡有一对双胞胎姐妹同时考上大学，因家庭困难面临退学的困境，贺杰在得知这个消息后，主动联系她们，并送去慰问金和学费。

面对成绩，他总说是大家共同努力的成果；面对财富，他能够淡然处之；面对弱寡，他毅然伸出援助之手。无论是做企业还是参与公益事业，贺杰始终保持着一种纯粹专注的态度。

胡伟

界首市天鸿新材料股份有限公司董事长

百尺竿头须进步，
十方世界是全身。

胡 伟
"膜"力无边

文/孙书文 摄影/徐璐

走进安徽阜阳界首高新区东城科技园天鸿新材料股份有限公司厂区，色彩明亮的研发中心办公楼、无菌防尘的标准化生产车间，甚至连停车场里车辆的朝向都整齐划一，无不彰显出公司管理的严谨和规范。这些，在对界首市天鸿新材料股份有限公司董事长胡伟的采访中，也得到了印证。"规范化和标准化的生产非常重要，我们生产的虽然只是一层小小的薄膜，但需要反复打磨。失之毫厘，谬以千里。"胡伟介绍说。

公司一楼展厅摆放着来自全国各地的各种食品、药品、扑克、香烟等包装盒，其中不乏人们熟知的王守义十三香、天方银杏茶、六味地黄丸等产品。无一例外的是，这些产品都采用了天鸿新材料生产的包装膜。不仅如此，天鸿的产品也走出国门，走向世界，出口到欧洲、中东、东南亚及南美地区。

如今这家正在腾飞的企业，不仅在食品、药品等日常生活领域拥有广阔市场，还在新型环保领域取得了卓越的成就。天鸿新材料股份有限公司多年来不断研发攻克和提升主打产品——新型环保多功能锂电池隔膜，公司于2015年投资3.5亿元兴建新型锂电池隔膜生产线，当前年生产规模达1亿平方米，企业掌握的核心技术——干法单拉技术，不仅在国内创新大赛上荣获多项大奖，更是打破了国外技术的长期封锁和垄断以及国内锂电池生产行业核心部件主要依赖进口的局面。

追根溯源，天鸿新材料成立于2008年1月8日，以生产食品包装膜起家，目前已成为国内专业从事高阻隔低静电抗皱热封型功能膜、锂电池隔膜、地板膜、双向拉伸聚丙烯薄膜（BOPP）、PVC 热收缩烟膜、药品食品包装膜、扭结（印刷）膜及彩色印刷包装膜的集研发、生产、营销、服务于一体的综合性企业。

从0到1：白手起家

胡伟的个人经历简洁而又简单。1993年，胡伟从阜阳一所商业学校市场营销专业毕业后进入安徽天安集团工作，凭借自己的努力和才智，多年来，销售业绩在公司总是位列前茅，他个人给天安集团创造的利润就超过1000万元,很快胡伟就以骄人的销售业绩和独特的人格魅力担任集团公司的销售经理。2007年，由于天安集团经营不善面临破产，下游许多采购商无货可购，纷纷找到他们非常信任的胡伟要货品，并“撺掇”他出来创业。在天安集团做了14年销售工作的胡伟经过深思熟虑之后，找到天安集团共事多年的另外两位同事商量创业的可行性。2008年1月份，三位志同道合的人下定决心创业，投资100万元共同成立了界首市天鸿包装材料有限公司，租赁生产车间，专业生产食品包装膜。食品行业是塑料包装材料应用的重要领域。随着居民生活水平的不断提高，我国食品行业一直保持着长期高速发展的态势，再加上胡伟个人多年攒下的信誉品牌和渠道优势，在三位合伙人的共同努力下，天鸿包装材料第一年销售额就突破800万元，盈利达300万元。2009年，成立一年多的天鸿公司在界首市光武镇购买土地10余亩，投资兴建第一个属于自己的厂区，并于2010年初建成投产。自此，天鸿公司迈出了它坚实的步伐。

凭借优质的产品和完善的售后服务，天鸿公司与众多企业建立了长期稳定的合作关系，部分产品出口中东、东南亚等地。公司通过总结顾客反馈的信息，不断地改善、优化产品，进而提高顾客对公司产品的信赖度，包括安徽强旺调味食品有限公司、河南莲花味精股份有限公司、驻马店市王守义十三香调味品集团、成都新康顺印务有限公司等品牌公司在内的优质客户均与天鸿公司建立了长期的合作关系。

随着公司业务量和产量的迅速扩大，原有的生产环境已不能适应市场发展的需求。2011年，天鸿公司在界首市东城工业园区投资3600万元兴建第二个厂区，占地总面积 20余亩，建成11000平方米标准无尘净化车间，办公研发楼1600平方米，2012年9月建成投产，扩增了扭结（印刷）膜及彩色印刷包装膜等多功能薄膜的生产线。

天鸿公司何以在众多竞争者中脱颖而出，并且实现高利润率的呢？

“食品包装膜和彩印并非科技含量非常高的产品，但我们不做门槛低、普众的产品，因为我们掌握的核心技术，可以满足客户提出的定制要求，自然附加值就高，利润率就高。”胡伟表示，针对重要客户，公司直接采取终端客户服务机制，实现专人服务，保障产品供应、控制流通成本并保证产品质量。

“众所周知，目前企业的竞争已从过去的产品竞争、价格竞争等演变到人才竞争，尤其是拥有一批优秀而稳定的研发人才，企业才能在激烈的市场竞争中立于不败之地，实现可持续发展。天鸿公司多年来投入巨资打造高素质技术研发团队，一方面，不惜重金引进专业水平高、自主研发能力强的高校人才以及有着丰富理论和实践经验的技术专家，并注重自身研发团队的持续学习与建设；另一方面，围绕公司战略不断引进的国内外先进实验仪器有效保证了现有产品质的提升以及新产品的系统研发；同时，公司和中国科技大学、四川大学等高校合作，使得公司的研发水平得到进一步提升。”胡伟引以为傲地说。在高水平研发团队的支持下，天鸿公司不仅拥有省级企业技术中心、安徽省多功能薄膜工程技术研究中心，还在2018年新增了安徽省博士后科研工作站，目前公司正在积极筹建院士工作站。

在管理体系方面，公司不仅通过了IATF16949：2016、IS09001质量管理体系、IS014001环境管理体系认证和OHSAS职业健康安全管理体系，还获得了全国工业产品生产许可证。在品牌建设方面，企业先后被评为阜阳市成长性品牌企业以及阜阳市重点品牌培育企业。公司注册了三个商标，其中“恒运”商标被授予“阜阳知名商标”“安徽省著名商标”，其产品也荣获“安徽省名牌”称号。

企业依靠创新获得高速发展，从2010年开始申请专利、研发设备、改进技术，提升附加值。“我们给客户提供定制化服务，根据客户

需求改进产品细节，产品附加值自然就提升了。因为拥有了这种创新的能力，定价权也就掌握在我们自己手里了。”胡伟介绍道。

天鸿公司自主研发的高阻隔低静电抗皱热封型功能膜和液体药剂包装用高阻隔薄膜产品获得“安徽省新产品”“重点产品”“高新技术产品”称号，并荣获安徽省科技进步二等奖，通过省级科技成果鉴定。

从1到N：更上层楼

如果止步于当时的成绩和探索，胡伟和天鸿公司或许只能在当地成

为一个有钱的老板和知名的企业之一，而不会成为安徽省首屈一指的锂电池隔膜生产企业，并进入中国锂电池隔膜生产企业的第一方阵。

“百尺竿头须进步，十方世界是全身。虽然企业发展蒸蒸日上，但如果只做食品包装膜和彩印等原有项目，企业的发展规模注定受限，无法形成规模经济，也就无法享受规模效益带来的企业竞争力。”胡伟脚踏实地，亦志存高远。

依靠科技创新，用“小部件”撬动“大发展”，这是天鸿公司多年来制胜市场的关键。2015年，天鸿公司投资建设第三个厂区，占地面积约75亩，兴建锂电池隔膜和PVC压延膜生产线，项目总投资6个亿，并于2017年投产。

多年来，天鸿新材料一直高度重视产品的技术创新，通过与中国科技大学、四川大学、合肥工业大学等高校合作，在2014年取得安徽省科技厅的授权，组建了安徽省多功能薄膜工程技术研究中心，为企业快速发展提供了理论支撑和技术保障。2015年，公司参加阜阳市第一届创新创业大赛荣获一等奖；2016年，参加第五届中国创新创业大赛获得安徽省优秀奖，并晋级国家行业总决赛；2018年，参加第七届中国创新创业大赛获得安徽省三等奖，并晋级国家行业总决赛；2018年，在创客中国绿色工业创新创业全国大赛中，获得一等奖；2018年，在创客中国安徽省创新创业大赛中，获得二等奖。同时，公司投资的PVC压延膜在2019年的安徽省创新创业大赛中获得优秀奖，并晋级国家行业总决赛。

天鸿公司在生产过程中密切关注相关技术的研发，及时总结取得的技术成果，同时积极申请国家专利保护企业的核心技术，不断扩大和高等院校的产学研合作力度，给予人才优厚的福利和待遇。目前，天鸿公司共申请国家专利90项，其中发明专利50项（授权发明专利7项），授权实用新型专利34项，并制定6项企业标准。

“目前，全球只有日本、美国等少数国家拥有锂电池聚合物隔膜的生产技术 ，并实现规模化生产。”胡伟介绍道，他们与中国科技大学联合研发的干法单拉技术生产的新型锂电池隔膜，具备工序简单、透气性较好、无污染等优点。同时，企业自主研发的成核剂能够有效改善结晶速度和结晶温度，大大提高了该产品在使用过程中的安全系数，适用于所有锂电池。

在做大做强的同时，天鸿新材料还先后被评为国家级高新技术企业、安徽省创新型企业、安徽省专精特新企业，并于2015年6月19日在新三板上市，成为界首第一家在新三板挂牌的企业。

通过12年的不懈努力，天鸿新材料公司的产值由2008年的800多万元增加到2019年的3个亿。年生产烟膜4000吨，锂电池隔膜1亿平方米，压延膜10000吨，彩印 2000吨。产品销往全国各地及非洲、欧洲、东南亚等国家及地区，深受客户青睐。

公司运用多年制造塑料薄膜的经验和积累的技术基础，能够根据客户需求生产各种规格的特种膜、塑料软包装薄膜及彩色印刷包装产品，形成了稳定的批量生产能力。

公司目前拥有良好的生产、经营、管理和发展环境，配备了性能先进、功能齐全的加工设备和检验设备。公司利用表面涂覆技术、抗静电转移技术、薄膜隐泡器工艺等一整套与公司专业化发展定位相匹配的生

天鸿
研发中心

股票代码:
832601
天鸿新材
建绿色企业　助力新能源

产工艺技术生产的薄膜产品具有透明度高、坚挺、表面爽滑性好、低静电、机械强度高、收缩比可控、高阻隔等特点，产品的各项指标均达到或超过国家标准。

从N到N+1:永不止步

12年来，天鸿公司稳步发展，逐步扩大规模，每三年建成一个厂区，每一个工程的完工都在助推企业转型升级。12年来，天鸿公司从100万元起家，到如今的净资产1.7 亿元，实现了跨越式发展。

天鸿公司步步亨通、踩准节点的秘诀是什么呢?

其实，这与胡伟的积极进取，创业路上孜孜不倦的学习密不可分。他曾多次到清华大学、上海交通大学、中国人民大学培训学习，并在浙江大学继续教育学院脱产深造，也顺利取得了北京大学EMBA和上海交通大学EMBA证书。但他谦逊地归结为：天鸿公司的运气太好了。“国家政策对高新技术企业的扶持力度很大，市委、市政府也在全心全意为企业谋发展，天鸿公司赶上了好时候，机会都是稍纵即逝的，我个人也比较幸运，抓住了机遇。”天鸿公司在推动产业转型升级过程中也曾遇到过资金短缺的问题。众所周知，对锂电池隔膜进行研发生产，技术要求很高，也需要足够的资金进行扩产扩能。恰在此时，国家发改委联合国家开发银行推出了一项扶持实体经济的产业基金，在胡伟的多次进京努力争取下，最终助力天鸿新材料公司获得国家专项基金6000万元，成为当时阜阳地区乃至全省县级市里争取资金最多的企业。此后，天鸿公司争取到安徽省发改委对科技企业3000万元的资金扶持。这就是市委、市政府的工作力度，助力企业紧抓机遇，从而实现量的扩充，质的飞跃。

胡伟反复强调，人的因素很重要，小到一个企业，大到一个地方政府，发展很大程度上系于企业家本人或者政府领导班子的思维和格局。"我想说，界首这几年发展的速度、质量、经济的活跃度，以及支持民营企业发展的力度都是在界首市营商环境最好的时候，重返安徽省前十强就是最好的证明。这些都跟界首市领导班子正确务实的领导分不开。"胡伟相信，界首市未来若仍按照这个思路和模式继续发展，前景则不可估量。

胡伟带领的团队也没有止步，天鸿公司的下一个项目就是打造百亿生物基产业园。“目前，我们正在与四川大学合作，研发食品用PVA可降解薄膜。下一步，我们将向可降解、生物基材料领域进军。”据胡伟介绍，该项目总投资6000万元， 系列产品将于2020年5月进入市场。

关于公司下个五年的发展，胡伟也有规划，他认为，2008—2018年中的两个五年，公司完成了基础建设。未来的五年，将减少固定资产的投入，增加经营现金流，增加融资的渠道，争取在主板上市，成为安徽省最大的专业功能性薄膜材料的综合性企业。

多年来，胡伟积极奉献社会，扶贫济困，捐资捐款，献身于公益活动，看望困难家庭、留守儿童、孤寡老人、白血病患者、抗洪官兵以及支援退休老干部进京演出，每年都参与大型公益大学之路圆梦活动，捐助贫困大学生，并积极响应国家号召参与“百企帮百村”精准扶贫行动。

坚守初心的胡伟表示，他将秉承“以诚待人，合作共赢”的发展理念，率领天鸿新材料股份有限公司驰骋于世界各地。

黄贤连

界首市南都华宇电源有限公司副总经理

产品是企业最重要的核心竞争力，如果不及时解决质量问题，对企业来说无疑等于自杀。

黄贤连
为梦想续航

文/詹程锐　摄影/姜朝洋

时间冲刷不了一个人的业绩，它只会把金子打磨得更加光亮。

2011年，被浙江南都电源动力股份有限公司总部委派到界首市南都电源任职制造管理部经理时，黄贤连可能从来没有想过，人生会在未来九年里既波澜瑰丽又历经磨难考验。

如今，摆在他面前的是拥有极板制造和蓄电池组装两大专业生产线的综合型企业。在别人眼里光环加身的黄贤连，其实是在独自默默承受着岁月里的艰难、焦虑、痛楚。

“界首现在已成为我的第二故乡。”对现已身为界首市南都华宇电源有限公司副总经理的黄贤连来说，他不仅经历了界首南都华宇发展的起起落落，还见证了界首市近十年来的变化，与此同时，他还在工作上兢兢业业，以公司为家、与企业共进退。在南都华宇的新蓝图中，他带领团队留下了浓墨重彩的一笔。

从年销售额5亿元到如今的年销售额突破20亿元，从被认定为“安徽高新技术企业”到荣获“国家级绿色工厂”称号，在黄贤连的带领下，南都华宇一路披荆斩棘，完成了一次又一次的华丽蜕变。

深入基层，迎接挑战

光阴如白驹过隙，九年对于一个人来说是一场漫长的人生旅行，短暂的成长经历；但对于一个企业而言，却是一个实现再度飞跃、更上一层的最佳时间周期。

时间回溯至2011年，彼时，作为第一批骨干人员被浙江南都电源动力股份有限公司总部委派到界首市南都华宇电源时，黄贤连的内心颇为不安。一方面，当时的界首市南都华宇电源发展情况并不乐观，无论是产品的经营，还是内部管理都较为混乱；另一方面，作为地地道道的南方人，初次来到界首，对北方的风土人情及市场环境都不太熟悉，这给他增添了一定的心理压力。

“第一次来到界首时，我坐了八个多小时的汽车。”回忆起九年前来到界首的情形时，黄贤连仍历历在目。

那天风和日丽，天空万里无云。早上8点从杭州出发到下午4点抵达界首，这一路上，黄贤连没有半点倦意。他一边反复翻看手里关于界首南都华宇的各项数据报表，一边思考着如何在最短时间内扭转界首南都华宇当前的艰难局面。直到汽车行驶进入界首，他才缓缓抬起头，透过厚厚的玻璃窗看着沿路的风景。

黄贤连一路上看到工业生产厂房寥寥无几，又让他对南都华宇未来的发展感到不安。

“当时我内心很焦急，我想尽快了解南都华宇方方面面的情况。”没有做任何的休整，他直接抵达南都华宇，召开中高层人员会议，同时还前往一线车间了解工业电池生产的详细情况。

在几番深入了解后，相较于市场环境因素，他对南都华宇的内部管理问题感到最为忧虑。从基层管理薄弱到车间一线员工技术培训不到位，再到整个生产车间的秩序混乱，彼时的南都华宇虽然表面风平浪静，但实则暗流涌动，岌岌可危。这让黄贤连备感压力。

俗话说："攘外必先安内。"一个企业要想在波谲云诡的商海里占有一席之地，还是要回到加强内部管理这一关键点上来。

因此，黄贤连开始在南都华宇的基层实施5S管理。他具体介绍道，5S管理，起源于日本，包含整理、整顿、清扫、清洁、素养五项内容，由这五个词日语中罗马拼音的第一个字母都是"S"而得名。5S管理法就是通过规范现场，营造一目了然的工作环境，培养员工良好的工作习惯，最终达到提升企业员工的素质、降低企业成本、提高效率的目的。

对于当时的南都华宇而言，5S管理法的推行并没有黄贤连最初想象中的顺利。起初，大部分员工的抵触情绪比较大。由于5S管理法与南都华宇之前传统的粗放式管理截然不同，员工们很不适应，甚至觉得管得有些过细、过于琐碎。但黄贤连的态度很坚决，必须推行。他认为，只有这种现代的管理方式，才能使南都华宇的每个员工养成工作精细化、高效化的习惯。

为此，他亲自到一线生产车间，与员工进行深入探讨，并在员工每次上完5S管理法的培训课后，都有针对性地为他们做示范。同时，为了减少员工的抵触情绪，他先从第一个车间开始推广，让员工们自己感受到实行这种管理法的优越性，然后由"点"带"面"地让所有员工接受5S管理法。

"只有俯下身子和大家一起遵循新的管理制度，才能让大家真切感受到我把公司当成自己家，我是在为企业的可持续发展而着想。"3个月后，基层员工们逐渐被黄贤连的用心与决心感染，不仅消除了之前的抵触情绪，还从心底里对其产生了敬意。

著名的华为掌门人任正非曾说，企业的发展就要像一匹狼，一要有敏锐的嗅觉；二要有不屈不挠、奋不顾身的进攻精神；三要有群体奋斗的意识。

对于彼时的南都华宇来说，正是在经历这样“破茧成蝶”的过程。

激奋前行，突出重围

对一个企业而言，当有一支训练有素、忠诚可靠的战队为它披荆斩棘时，美好的未来已距离它不远。

“一开始南都华宇平均一个月至少要接到三位客户对产品的投诉电话。经过加强内部管理后，客户的投诉率呈明显下降的趋势。”自上任以来，黄贤连为了让南都华宇尽快步入正轨，他选择了直接住进公司，事事亲力亲为。

在黄贤连及南都华宇全体员工的共同努力下，企业在短短的一年时间里，便取得了年销售额突破6000万元的好成绩。这不仅让全体员工斗志满满，还让黄贤连对企业未来的发展更加信心十足。

“在这么短的时间内得到一个质的飞跃，是我刚来界首时完全没有预料到的。”在他看来，取得这样的成绩除了企业自身不断努力外，还和当地的营商环境及政策扶持息息相关。

一方面，界首市委、市政府给予当地民营企业政策服务支持，鼓励企业做大做强，为企业的可持续发展保驾护航；另一方面，界首市田营园区的主导产业及资源整合给界首市南都华宇提供了很好的发展平台。

例如，南都华宇与它的上游企业华铂科技就同属田营园区，这不仅减少了企业的物流成本，还加强了与地方经济的密切联系。

然而在谈及进入南都华宇以来最艰难的一年时，黄贤连停顿了之前滔滔不绝的语言，认真思考片刻回答道：“就在南都华宇发展步入正轨的第四年，一场新的危机汹涌而来。”

2016年，在蓄电池的市场里出现了供大于求的现象。巨大的市场竞争让行业里不少中小企业面临“生死危机”。彼时，为了应对严峻的市场形势，南都华宇外聘了一位工程师对工艺技术进行质量上的把关，但令他意想不到的是，市场的反馈情况却开始大不如从前了。

“行业里正常的退货率在4%左右，但我们当时的退货率超出同行一倍之多。此外，我们往年的盈利可达6000万元，但是2016年企业盈利持平。为什么我们会在市场最好的时候走下坡路呢？”面对如此严峻的考验，黄贤连坦言当时自己很焦虑，经常失眠，每天都背负着巨大的心理压力，“我不知道这么高的退货率到什么时候才能回落”。

只要有问题出现，就要第一时间实事求是地查找到原因，然后最大限度地为公司止损。这是黄贤连在应对企业危机时的首要想法。

从自我内部管理检查到市场调研寻求问题根源，最后他发现在工艺配方这一关键环节上出现了问题。于是，他与时任总经理进行深入沟通后，决定调整当前工艺，提高产品的质量。

“产品是企业最重要的核心竞争力，如果不及时解决质量问题，对企业来说无疑等于自杀。”在黄贤连看来，彼时的电池废料回收太粗放，尤其是铸板铅渣、分刷片环保铅粉未经工艺的验证，就直接大量回收利用。2016年下半年，在黄贤连的建议下，南都华宇停止产品的批量

华宇电源的自动化产业流程

国家级绿色工厂

加酸充电2号车间
4

生产，开始了从上到下、由里及外的改革。在内部管理上，南都华宇不仅对企业的高层管理人员进行新的人事任命，还对工艺进行一系列的测试研讨，成功调整了当时的工艺配方，牢牢抓住了产品的核心技术；在外部市场上，南都华宇根据市场环境的变化重新制定了新的营销方案。

强大的信念加之不懈的努力，黄贤连和南都华宇的全体员工自然也收获了令人喜悦的成果。2017年南都华宇乘风破浪，逆势而上，除了销售飘红外，在全国的电池市场上也获得了广泛的认可。

如果说2016年是南都华宇最艰难的一年，那么2017年便是南都华宇重新扬起风帆的最重要转折点。黄贤连底气十足地说，2017年，南都华宇凭借着各项优异的成绩获得了“安徽省民营百强企业”的殊荣。

瞄准市场，引领行业发展

“从现有的技术和产品在市场上的应用来看，还没有一种产品可以全部取代铅酸蓄电池。从全球铅酸蓄电池产能规模看，中国占45%，每年的销售额在200亿—300亿元。”在黄贤连看来，目前铅酸蓄电池发展正处于一个最好的时代。纵观整个铅酸蓄电池市场，从竞争数量、退出壁垒、同质化程度以及竞争层次来看，铅酸蓄电池行业已处于成熟阶段。

但机遇往往与挑战并存。一方面，铅酸蓄电池行业进入门槛低，导致厂家数量众多，整体素质参差不齐；另一方面，受到企业自身因素的影响，多数企业集中于低端产品，甚至打起价格战，让铅酸蓄电池的市场“硝烟弥漫”。

对此，黄贤连用“降调”的肯定语气说：“市场竞争实质上是现代科技的较量，是技术创新的竞争。”

他坦言，为了提升企业的竞争力，南都华宇不仅通过牢牢控制产品标准、核心技术等最关键的要素占据市场份额，还不断加大对研究开发的投入，增强自身的技术创新能力，采用新材料、新工艺开发研制新型环保产品，“我们每年在研发方面的投入不少于5000万元，同时还与中南大学、合肥工业大学签署了产学研的合作协议”。

2018年10月，凭借着雄厚的技术实力和强大的研发团队，南都华宇和雅迪针对充电慢、电池不耐用以及动力不足等用户反馈的痛点问题进行合作研发新型材料电池——石墨烯电池。

“石墨烯具有高导电性、高强度、超轻薄等特性，一旦石墨烯与铅酸材料完美融合，新型的石墨烯电池将具有充电快、续航远、寿命长等其他普通电池不可比拟的优势。”

历经半年的技术攻克，万众期待的解决现有电池难题的“终极大招”——石墨烯电池，被成功研发出来并正式投入生产。

“2020年，我们将生产25万个石墨烯电池。”黄贤连介绍道，这款石墨烯电池的优势首先是充电1小时就可续航50千米，首先，这不仅大大节省了用户的充电时间，还可以显著提高电动车的利用率，从而提升电动车用户的出行体验和效率；其次，它的外壳使用高科技新型材料，耐高温、抗形变强、耐腐蚀性显著提升，电池更安全、环保；最后，这款新型电池的保质期为2年，而大多数普通电池保质期仅为1年。

2019年10月，界首市委书记徐会东前往南都华宇调研与指导工作，开展“四送一服”活动。在调研过程中，徐会东书记参观了南都华宇的生产车间，除了听取南都华宇的发展和经营情况的汇报外，还听取了这款石墨烯高端电池产品的研发、生产经营以及高端智能精品生产线等详细情况的介绍，并对南都华宇给予了高度评价。

“目前，我们已实现整套产业流程的自动化,将在未来的3至5年内实现智能化的生产。”对于南都华宇的下一步发展方向，黄贤连有着清晰的规划，“2025年，我们将从制造型企业转型升级到创造型企业”。

方向已定，目标已明，黄贤连将在他的“第二家乡”界首市继续砥砺前行，与南都华宇共同谱写新能源电池的新篇章。

姜谱

安徽银河皮革有限公司董事长

做皮革像做菜，你得有好原料，还要有好技术。

姜　谱
靠“谱”的“软黄金”

文/ 刘娜　摄影/姜朝洋

2019年4月11日上午，安徽省召开2018年度科学技术奖励大会，公布了2018年度科学技术奖获奖项目（人员）名单。由安徽银河皮革有限公司携手四川大学共同完成的“高性能皮革绿色制造关键技术的研发与应用”荣获2018年度安徽省科学技术奖科技进步二等奖，这既是对企业的褒奖，也是对姜谱最大的肯定。

从20世纪90年代行商做皮革贸易到2007年回乡办厂，从招兵买马聚集人才自主研发功能性皮革到溯源而上开办牛羊养殖和肉食加工厂，安徽银河皮革有限公司董事长姜谱已经建立了一条全产业链，把牛羊身上的“生意”做到了极致。

“司机吓哭了”

少年时期的姜谱，学习不错，1983年高中毕业后顺利考入了家乡的中国农业银行某支行工作。在改革开放初期，金融系统的“铁饭碗”无疑是很多人求之不得的，但干了三年，20出头的姜谱就心生倦意，“想出去闯一闯，自己发展”。

在姜谱的家乡安徽阜阳，历来有牛羊养殖的习惯，“宰羊杀牛是阜阳很多农村的传统”，他回忆道，界首“牛行街”是全国重要的南阳牛交易集散地，在20世纪80年代中期，那里一天牛羊驴的交易量就达到约5万头，而早在20世纪30年代，界首“牛行街”就是全国六大牲畜交易市场之一。

姜谱口中的“牛行街”是界首的牲畜交易市场，“两棵树中间拴一条绳子，就是当时最简单的交易市场”，那里曾经牛鸣马嘶、南来北往客商的叫卖声、喧哗声、讨价还价声……交织在一起，透着热闹繁华。中国历史上出名的牛行街有数条，诺贝尔文学奖得主赛珍珠在其代表作《大地》中，就将江苏淮安清江浦的牛行街描述为“飘散牛羊肉香的老街”。

除了牛羊肉香，随着牛行的发展，牲畜交易还带动、派生出了很多“周边”产业，如屠宰、皮革、饮食、娱乐及其他服务行业，甚至有附近村里的人专门以割草、卖草为业，还有人专门卖白开水也能养家糊口。彼时，牛行街谋生的各种人员加起来足有上万人，完全可以说是一业兴

旺，百业繁荣。

姜谱看到的正是“皮革贸易”这个大市场。

“从买界首卖全国到买全国卖全球，最后是世界各地到处跑，哪产皮料到哪去”，1986年，姜谱辞去了银行的“铁饭碗”，投身皮革贸易。起初，他就在界首的牛行街上收购皮料，拉到全国各地去卖，而随着销路越来越宽，他成了阜阳最早一批做外贸生意的人。

收购环节是很艰苦的，因为很多好皮料大都产在一些偏远地区。对姜谱来说，交通不畅、翻山越岭是家常便饭，饥一顿饱一顿也习以为常，但2003年的一段50千米的山路，至今回忆起来仍让他心有余悸。

中国西北的冬季有些长，姜谱从青海刚收购了一批好皮料准备返程回到甘肃天水休整。没有高速公路，没有导航，走国道，看地图，但在冰天雪地中他还是走错了路。

“越走越不对劲，山路蜿蜒，道路非常窄，开着开着就看到沿途的山涧里翻了几十辆车，司机吓哭了，不敢再开”，姜谱只能接过方向盘，在“不能掉头、没有退路”的山道上继续往前开，最后，车上同行的4人轮流开，50千米的路愣是开了7个小时。

如今，17年过去了，那种手心冒汗、头皮发麻的感受，姜谱依然记得很清楚。他也坦言，年轻时激情满满，完全不知道怕，现在想来会“后怕”。

“南征北战”了数年，姜谱练就了一个独门绝技：只需看一眼，除了皮料好坏，他还能知道其产地，如果是国内，能精确到县，“这完全是时间积累的经验”。

虽然行商能让姜谱游历四方，结识很多伙伴，但随着年龄的增长，他也累了，也希望过上安稳的生活。

海宁，钱塘江畔的一座小城，以汹涌澎湃的海宁潮闻名于世。然而就是这么一座只有65万人口的小城却缔造了“中国皮都”的神话。

几乎每一个做皮革生意的人都绕不开海宁，姜谱也把自己“坐贾”的首站选在了海宁。

“那边需求量非常大，有人说在海宁平均1.3秒诞生一件皮衣，平均3秒就能生产一只票夹，平均48秒制成一组牛皮革沙发套。”20世纪90年代初，海宁就有数千家皮衣生产厂家，这是一个庞大的需求市场，姜谱没有理由拒绝。他在海宁开了一间门店，直接将收购来的皮料卖给当

地的皮衣皮具生产厂商，从做贸易改成了做销售。

在海宁，姜谱一干就是十多年，直到2007年，家乡政府招商引资政策的召唤，让他产生了回乡办厂的念头。

“早年东奔西跑，在海宁做了销售，也还是要自己去收购，如果自己办厂，就可以坐在家里等着人家收购了卖给我，不用再跑了”，为了更安稳的生活，也为了回报乡梓，姜谱从产业链的上游主动走到了下游。

2009年8月，历经了一番招兵买马，姜谱储备了一大批优秀人才，注册资金5000万元的安徽银河皮革有限公司正式成立。而从一开始，他就计划好了要做集产品研发、生产、销售皮革、裘革、皮革制品于一体的高新技术企业。

事实上，皮革文化是一门古老的艺术。古时候，北方的游牧民族将狩猎得到的动物皮毛用于取暖及装饰。但生皮不容易保存，为了让皮毛更加经久耐用，游牧民族想出了很有效的办法：用石头敲击生皮，使皮毛变得柔软，不易腐烂变质。

从此，人们的生活中出现了皮革制作的各种用品：服装、帽子、鞋、装饰品、包囊、交通工具、地图……而随着人类文明不断发展，人类的审美能力逐渐有了提升，他们在皮革制品上开始增加图案使其在视觉上更加美观，之后在不断的劳动和生活中演变出制作技巧并开始了早期的皮革艺术设计。

姜谱介绍道，现在人们对于皮革工艺的需求更加严格，要求更高，除了具有美观的外表，还要具有优良的性能。

“对工艺的需求已不单只是物质层面，在艺术层次及材料的开发上，除了皮革本质的改良外，印花工具的设计与开发，染料、颜料种类的进展，纺织皮革工艺技术层面也逐渐成熟。”他认为，人们对于皮革制品的定位越来越高，手艺工艺也随之精湛，功能性将成为皮革制品发展的第三次重要飞跃。

“一直被模仿”

“功能性皮革以后会成为‘软黄金’”，和皮革打了大半辈子交道的姜谱对行业有着自己的判断。

早在1996年，姜谱就第一次走出了国门，那一趟西班牙、法国、德国等欧洲国家的旅途，为他的皮革事业打开了一扇“新世界的大门”。

“开眼界，完全不敢想象”，姜谱说，在欧洲，他看到了许多精致的皮革，领先的技术和工艺让这些已经经过数次加工的皮革“摸上去依然有肉感”，由此他也萌生了皮革加工要走高科技路线的想法。

从自己建厂开始，姜谱非常重视研发工作，每年都会投入大量的资金进行新产品的研发。他透露，每年的研发投入大约在2000万元，约占销售额的7%。目前，银河皮革拥有国家专利75项，其中发明专利12项，实用新型专利45项。

“一直被模仿”，谈及功能性皮革的研发，姜谱毫不掩饰自豪之情。近年来，在阻燃、防水等功能性皮革的研发上，姜谱可是下了大力气，还与意大利的企业合作，在两国均设立了研发中心。

据姜谱介绍，目前银河皮革已经自主研发了防水皮革、抗静电皮革、阻燃皮革等多功能皮革，产品性能及技术手法均处于国内领先水平，功能性皮革产品也从小小的界首走出，远销山东、河南、浙江、新疆、甘肃、内蒙古等地。

“做皮革像做菜，你得有好原料，还要有好技术。”除了与意大利企业合作设立研发中心，姜谱的国际合作之路也呈现出多样化。

“我们与西班牙具有百年历史的优秀裘革生产企业杰尼斯·安迪公司也签订了合作协议”，他表示，双方将在美利奴原皮进口、生产技术、质量管理、营销网络、现代企业管理等方面进行全方位合作，进一步提高公司的技术和管理水平。

值得一提的是，传统观念中“皮革加工是污染行业”的看法，在姜谱这也因为技术的加持而变得更加清洁。

“我这可是绿色工厂”，姜谱有些得意。多年来，经过不断地研发和打磨，银河皮革在制革过程中实施了“四无工艺”，还运用了新型除铬技术进行污水处理、高吸收铬鞣及废液资源化利用技术等，使企业达到了清洁生产水平。特别是2016年，银河皮革还被列入安徽省工业领域节能环保产业“五个一百”推介目录。

在银河皮革厂区中，劳动密集型状态不复存在，“全厂上下300多名员工，50人都是研发人员”。2016年，身为一家扎根县域的民营企业，银河皮革成立了安徽省功能性生态皮革工程技术研究中心，这是我国皮革行业第一个功能性生态皮革的研发平台和人才培育基地，引领着皮革行业绿色发展。

除了内部孵化人才，姜谱还向高校科研院所抛出了橄榄枝。2015年，银河皮革与四川大学建立了长期产学研合作关系，成立了产学研协同创新暨生态皮革工程技术研究中心，围绕皮革科技人才培养和皮革工业高新技术深入开展产学研合作。

良好的合作加深了双方的互通，2018年，银河皮革又与中国工程院院士、四川大学教授石碧工作团队签订了院士工作站协议，共同建立院士工作站，深入开展军用服装与制造研发体系建设，推动绿色产品设计研发和绿色制造关键工艺，培育具有自主知识产权的绿色产品。

“毛皮、成衣、鞋帽，我们做的是全系列的产品。”姜谱为人低调，他很少提及这全系列的产品中有六成是军工产品，仅有四成是在市场上流通的民用产品。

70
纪念中国人民抗日战争
世界反法西斯战争胜利70周年

很少有人知道，银河皮革还是一家拥有军工资质的军民融合企业，销售网络覆盖全国31个省（区、市），是中国最大的军需品生产保障基地——际华集团——的军需物资战略合作伙伴，被纳入际华集团军需物资采购目录，军用物资销售占际华集团采购总额的58%。

“功能性皮革非常符合军队特种服装对材质的需求。”姜谱与际华集团的合作始于2010年，2016年上升到战略合作，成为其毛皮皮革生产研发基地，为军品课题研究贡献力量。

目前，“银河皮革军用特种服装生产和研发军民融合示范园项目”已被安徽省人民政府纳入了“十三五”重点项目支持目录。

“这是我们未来很重要的一块”，姜谱透露，2018年，银河皮革的销售额约3亿元，2019年超过4亿元，而军民融合示范园项目达成后，将实现年销售收入30亿元，预计可提供2000个直接就业岗位，间接带动6000人创业就业，成为华东地区重要的军需物资后勤保障基地。

皮革加工产业链全覆盖，这还不是姜谱的终极目标，因为“皮革制成了衣服，还有肉呢”。

于是，皮革厂开张不久，姜谱就开了一家肉食加工厂——安徽鑫河食品有限公司。转了一圈，他回到了“牛行街”时代，只不过这次，他引进了先进的技术和理念，做起了牛羊肉的精细分割和深加工。

当地养牛羊的历史悠久，但一直都是农民分散经营，与大市场难以有效对接，信息不对称，销售渠道不稳定。“向产业链两头延伸”，姜谱一边创办养殖专业合作社，一边着手打造肉食分割的深加工，他要做的是以养殖、交易、屠宰、皮革等副产品深加工为一体的复合型循环经济。

这样的“两手抓”源自姜谱的见闻。

1998年，他第一次在澳大利亚见到了牛羊肉分割技术，完全颠覆了他此前对牛羊肉的认知。“我们家乡卖牛羊肉，那不就是挂在市场上，要哪块割哪块”，而分割技术则早就安排好了每只牛羊的命运和每个部位不同的烹饪方法，相应地，因为经过了技术处理，牛羊肉每个部位单独包装，也提升了牛羊肉本身的产品附加值。

从那之后，忙于满世界采购皮革的姜谱一直惦记着这个事情，终于在2011年上海春节供应会上，他第一次把羊肉分割技术带到了国内，在展会上现场演示分割、烹制，吸睛无数。

长久以来，我国牛羊肉产品的标准化程度较低，不仅制约着生鲜肉、冷冻肉的发展，还制约着牛羊肉产业的升级。以羊肉为例，有数据显示，我国羊肉产量现居世界第一，约占世界总产量的30%，但从初加工到深加工，缺乏从生鲜到熟制的梯次加工技术，分割、调理、风干羊肉等高附加值产品匮乏，深加工率不足10%，鲜冻胴体和二分体初加工产品占95%以上，年损耗量高达数十万吨。

“标准化、设备、技术、高损耗阻碍着牛羊肉业的快速发展”，姜谱从荷兰进口了整套全自动设备，实现了“把牛送进去，出来就是分割好的肉块”，同时还建立起“从田间到餐桌”“从养殖源头到终端销售”的全过程控制体系。

在姜谱的努力下，现在，鑫河食品有限公司已成为集清真牛羊肉加工和销售于一体的综合型农业龙头企业，是安徽省唯一一家中央储备清真牛羊肉企业，“目前，我们正在积极申报淮山羊地理标识”。

做高科技、做全产业链，一切都在按部就班地进行中。

李 飞

安徽省天助纺织科技集团股份有限公司董事长

没有不好的行业，只有不好的企业。
只要坚持用心经营，
企业就一定会获得可持续发展。

李　飞
织出彩虹万里长

文/詹程锐　摄影/姜朝洋

岁月的风尘掩盖不了艰辛的历程，时间的长河洗刷不掉光辉的业绩。

初识李飞，他给人的印象是一只“徽骆驼”，是一个泰山压顶不弯腰、惊涛骇浪不低头的企业家，他用过人的胆识和魄力一直紧跟时代发展的步伐。

18年。这是一个什么样的概念？

是一颗微小的种子在日晒雨淋中长成参天大树的时间；是一个襁褓中嗷嗷待哺的婴儿成长为青葱少年的时间；是一个默默无闻的创业者在波谲云诡的商界里迈入巅峰的时间。18年的时间，成就了安徽省天助纺织科技集团股份有限公司董事长李飞一个完全不同的人生。

从一个不知名的企业到一家专业从事高性能棉花、再生棉纤维技术研发、生产、加工、销售为一体的国家高新技术企业，安徽省天助纺织科技集团股份有限公司在李飞的带领下，屡次在发展困境中寻找到突破口，在时代的变革中探索出长远发展道路。

“没有不好的行业，只有不好的企业。只要坚持用心经营，企业就一定会获得可持续发展。”从普通的财务会计，到年销售额达8000万元的企业家，李飞急流勇进，以践行“新徽商”的社会责任为使命，不断研发创造再生资源循环再利用的新产品，为人类可持续发展在资源再利用方面作出了应有的贡献和担当。

创业追梦

在安徽省天助纺织科技集团股份有限公司12000多平方米的标准化智能纺纱车间内，一根根洁白纤细的纱线，正通过全流程清梳联、自动并条机、转杯纺纱机等高端智能纺织设备，纺纱、卷绕、络筒、打包入库，全流程实现了自动化、智能化，一改大众印象中的纺织企业车间内纺织工来回穿梭、汗流浃背的场景。

“在智能新时代下，企业要运用先进的技术指导企业生产，同时要关注绿色智造，提升原料利用率，改善环境。”如今，安徽省天助纺织科技集团拥有授权专利4项、实用新型专利12项、安徽省新产品2项等。然而对于李飞而言，无论是回首天助纺织的发展还是界首市纺织行业的发展,时间的齿轮都是在相互契合着前进,一路走来,像一部黑白电影逐渐增添了色彩。

时间倒回到2000年，学经济管理专业出身的李飞在走出校园后，凭借着优异的成绩顺利进入界首市棉花烟叶办公室从事会计工作。每天朝九晚五的平淡生活，让李飞成为其周边人的羡慕对象。然而在年轻气盛、风华正茂的他看来，拥有挑战的生活，人生才会精彩。因此，一颗跃跃欲试的心在李飞的身体里不断地强烈跳动。

时代在不断向前发展。彼时，国家不断释放关于棉花产业的政策红利，凭借着敏锐的市场嗅觉，李飞决定辞去稳定的工作，投身创业的浪潮，体验另外一种人生。

2002年，李飞用自己所有的积蓄创办了安徽省天助纺织科技集团股份有限公司，主要从事棉花的收购和初步加工生产。

言及创业初期，李飞看似云淡风轻的话里却透露着韧性："都说万事开头难，但我却很享受创业时的艰辛。"创业的激情，不仅让李飞每天都处于兴奋状态，感到浑身充满力量，还让他对人对事时刻保持积极敏锐的状态。

起初，为了公司业务扩展，从前期棉花收购到后期初加工，从对外的业务谈判再到公司内部的经营管理，李飞一人身兼数职，连续六年每年只给自己十来天的休息时间。为了把控产品质量，即便与公司员工一同在夏季像“火炉”、冬季如“冰窖”的车间厂房里每天工作十几个小时，他也从来没有抱怨过。一路披荆斩棘，李飞始终坚守在“创业攻坚战”的前线。

功夫不负有心人，天助纺织在李飞的带领下，业绩不断飙升。然而随着公司的不断发展壮大，2003年，资金短板问题逐步凸显，再加上合作伙伴退股等突发状况，公司在运营发展上遇到了空前严重的挫折与阻碍。

“屋漏偏逢连夜雨”，这一年对李飞而言是非常艰难的。经过加工后的成品棉花需要及时上市销售，但由于火车运输票的告急以及难以找到货车运输等，很多棉花初步制成品无法被运到市场上进行有效流通，不仅错过了最佳销售时机，销售价格也受到了很大影响。天助纺织陷入了举步维艰的境地。

“非常糟糕，非常迷茫，我甚至想退出纺织这个行业。”回想起那段时间，李飞的目光变得深邃起来。他表示，那不仅是公司最难熬的时候，也是他人生的最低谷。

弹尽粮绝之际，除了家人给予了李飞无限的精神鼓励与支持，公司员工的不离不弃对李飞来说就像一场及时雨，下得恰到好处，令他重拾信心，重整旗鼓，“身后有那么多人支持我，我不能轻易退缩”。带着坚持到底的决心，李飞决定重新评估市场，分析行业现状，制定新的发展

战略。

“在复杂多变的市场环境中，单纯的棉花收购不但对于人力资源依赖性较大，而且增值空间十分有限，而棉纱生产作为棉花生产加工后的初步工业成品，增值空间较大。”在李飞看来，一方面，中国是人口大国，相对低廉的劳动力为行业发展所需的原始资本积累作出了巨大贡献；另一方面，纺织业在全球范围内的产业转移和技术转移，特别是加入WTO之后，中国更好地承接了全球纺织产业的转移。这两方面足以让中国纺织工业市场迅速发展起来。

在瞄准新定位后，李飞在棉纱转型发展规划上做了两手准备，一边继续做棉花初步加工生产，稳住公司运营资金；一边采购棉纱生产工业机器，从事棉纱生产加工制造，开辟新的市场。

“我一直认为，困难与希望同在，挑战与机遇并存。”科学规划，稳步经营，天助纺织用了短短一年时间，各项发展业绩指标迅速回升，再次步入发展的正轨。

“只有紧跟市场的步伐，不断完善自己，企业才能在今后日益激烈的市场竞争中立于不败之地。”他认为，企业的可持续发展取决于企业的掌舵者能否及时捕捉市场信息和洞察市场趋势。

2017年，天助纺织年产值破千万元。然而表面看似欣欣向荣，实则暗流涌动。

一方面，纺织行业开始进入产业升级的关键时期，创新意识、品牌影响、创意文化、新技革命、创造力等现代企业的要素正影响着纺织行业的发展轨迹，市场竞争不断加剧；另一方面，棉花价格不稳，对纺织企业的生产成本影响很大。部分企业的利润率呈下降趋势，甚至处于保本经营状态，还有少数企业承受着亏损的压力。同时，自主创新能力不足、结构性矛盾严重等长期积累的深层次问题越来越突出。

向来对市场波动敏锐的李飞深感一场传统纺织行业的改革或将席卷而来……

瞄准循环经济发展

“时代在不断发展，企业发展战略也要适时作出调整。很多时候，淘汰你的从来不是你的竞争对手，而是这个时代。”

面对激烈的市场竞争及传统纺织工业发展严峻的形势，李飞坚信科技的创新将颠覆传统产业发展模式，“现在传统企业活得很累，因此必须转变思路，寻找发展新机遇”。变则通、通则久，唯有创新变革才能激发新动能，找到新机会。

近年来，国家多个关于循环经济政策的出台，让李飞将目光投向了废旧纺织品循环加工及其再利用的市场。2017年底，天助纺织投入4500余万元，新建标准化智能纺织车间，进行了第二次升级转型。

“近年来，不断上升的用工成本和人力资源短缺也逐渐成为棉纺织企业发展中重要的痛点之一，自动化、智能化纺纱设备的应用，可以有效帮助纺织企业解决用工多、生产效率低、产品质量不稳定等一系列问题。”在李飞看来，自动化、智能化纺纱设备的应用将成为棉纺织行业发展的新方向。

在智能设备和再生棉生产设备的推动下，天助纺织的生产效率和棉

纺纱成品质量水平都得到了有效提升，并且通过新产品、新技术的不断更新、应用和迭代，提高了产品的市场占有率，提升了客户满意度。

李飞介绍，目前天助纺织主要产品有再生棉纱线和再生棉涤色纱线。再生棉纱线是指以纺纱、织布、服装加工生产过程中产生的废弃边角料为原料，经再加工所制得的纤维材料，以此生产出的棉型纤维纱线。再生棉纱线具有绿色环保、断裂强度高、耐磨性能好、耐热性能好、柔软性好等特点，可广泛应用于服装面料、毛巾、袜子等。

再生棉涤色纺纱是将两种或两种以上不同颜色的再生纤维充分混合后，纺织成具有独特混色效果的纱线。色纺纱能实现白坯染色所不能达到的朦胧的立体效果和质感，使用起来不仅无污染，还能最大限度地控制色差，被越来越多地运用于中高档服饰产品中。

“目前，我们的产品不仅在国内畅销，还深受国外市场欢迎。2019年，我们的年销售额已突破8000万元，预计2020年年销售额可达一个亿。”谈及再生纺织的发展，李飞显得神采奕奕，底气十足，而这种底气来源于他在公司里推行的“循环经济”生产模式以及建立的“资源—产品—再生资源”循环发展产业模式。

“再生棉项目的发展，无论是对企业发展，还是对社会发展，都有积极作用。一方面，再生棉项目属于循环经济实践发展项目，积极响应了新时代生态文明建设发展的号召；另一方面，再生棉是对废品再利用，具有投入产出回报率较高的特点。”李飞表示，目前天助纺织已先后与东华大学、安徽农业大学签订了长期的产学研战略合作协议，通过校企合作，定向培养企业专用后备人才，补充和完善科技人员和科研设备，每年可为企业创新产品10项，申请并获得专利3至5项，新增产值5000万元。此外，天助纺织还与浙江泰坦、经纬纺织机械等公司建立了长期合作关系，推动我国废旧纺织品循环利用产业加快向中高端迈进，提高我国再生循环经济的国际竞争力。

如今，天助纺织正以肉眼可见的速度扩大其行业影响力、社会影响力，同时李飞也成功实现了创业梦想和商业规划的完美握手。

提及现代企业的管理，李飞兴奋地表示：“一个企业发展的高度取决于企业的文化和团队的建设，目前天助纺织已经建立了党支部，这对

于员工的团结与企业文化的建设具有积极的推动作用。”他立足大格局，做好细节建设，抓住发展机遇，发展循环经济，为公司规划了一个美好的绿色未来。

站在新时代的潮头，李飞由衷感慨：“当下我们正处于最好的时代。作为新徽商，我们要努力践行企业家的责任和使命，不断研发创造再生资源循环再利用的新产品，‘除废变宝’，为中国减负，为地球减负，实现资源的可持续利用。”

李茂盛

安徽瑞琦塑胶科技有限公司董事长

人在不满足于现状的时候，
总是会踌躇彷徨。

李茂盛
"管"好团队成大事

文/杨蕊　摄影/徐璐

李茂盛，一个看起来精瘦干练的男人，眼神深邃，表情平静，仿佛即使岁月跌宕起伏，在他心里也难以再起涟漪。也许是因为内心已经笃定了余生奋进的目标，哪怕前路并非事事顺遂、一马平川。但是谁都想不到，这份坚毅的开始，仅仅是因为一条小小的管道。

1997年，在经历了一番茫然和波折之后，李茂盛创建了重庆瑞琦，再到后来的贵州瑞琦和安徽瑞琦，时光荏苒20载，他已经成为专注于生产环保科技类塑胶管道的龙头企业——瑞琦集团的引路人，旗下产品有HDPE双壁波纹管、PE给水管、HDPE-M合金管、HDPE克拉管、PVC-O给水管、PVC-U双层轴向中空管等数十种环保科技型管道，仅安徽瑞琦就拥有管道生产线280余条，形成年产50万吨高性能改性颗粒、20万吨再生高性管材及塑料制品、5万吨瓶片的生产能力。如此庞大的规模与体系，就在这位精瘦干练的男人的带领下，一步步走到了现在，也必将走向更宏大的未来。

李家有子初长成

1995年的李茂盛，如同当时大多数的孩子一样，前路茫茫。他毕业后在家人的安排下进入了亲戚所开的塑胶工厂，成了一名技术工人。和其他工人一样，每天早出晚归，日复一日地在流水线上重复着相同而单调的工作，很快，机械化流程的乏味与枯燥开始将他对生活和未来的理想逐个击破。而那时，乘着重庆迅猛发展的东风，无数的渝商凭借“吃苦耐劳、直爽豪气”的生意风格，在这片土地上陆续崛起。同样是重庆人，李茂盛在很小的时候就对生意人十分憧憬，觉得他们“很厉害，能做大事”。当时赶上国家开始逐步淘汰旧式水利制品，年轻的李茂盛面临着人生的第一个分岔路，是选择留在厂里等待未来的转业，还是走出去，拥有自己的一片天地，为此他踌躇了很久。

李茂盛坦白地说，他在那时对未来并没有一个清晰的规划。“人在不满足于现状的时侯，总是会踌躇彷徨”，与现在的精明果敢不同，年轻时候的李茂盛还未经历社会染缸和商界战场的淬炼，显得有些稚嫩。但因为年幼时就怀揣着“成为生意人做大事”的理想，恰恰成了李茂盛下定决心创造属于自己的新天地的契机。

丈夫志四海，万里犹比邻

1997年，李茂盛与好友合伙创业，以全新的姿态，正式进军塑胶行业。当时，没有原材料、找不到销路不是最令李茂盛与好友头疼的事情，反倒是技术，如果生产的产品与市场的一般无二，那就必然难以站稳脚跟。当打听到当时国内最前沿的塑胶管道技术都在山东青岛时，李茂盛想都没想就立刻奔赴青岛，在上游供货商的工厂，开启了几个月的学习生涯。青岛的一家塑胶厂车间里，从此多了一名无所不学无所不问的重庆伢子，脏活儿累活儿李茂盛都抢在前面做，就是为了解更多的知识和技术。他虚心求教，逢人便问，硬是用短短几个月的时间就掌握了当时最先进的塑胶生产核心技术！李茂盛始终坚信“质量是维护顾客最好的保障”。只有用最好的技术生产最好的产品，才能在这个市场做出名堂，也才对得起一直想要成为生意人的自己。正是李茂盛的这份真诚和坚毅，奠定了20余年来“瑞琦出品，必属精品”的业内良好口碑！

天将降大任于斯人也

学成归来的李茂盛和合作伙伴成立重庆瑞琦，凭借着过硬的技术和豪爽真诚的做事风格，终于在1997年底赚到了人生的“第一桶金”，并在之后迅速拓展市场。1997年至2010年，重庆瑞琦市场逐步扩张，外省订单接连不断，在不断提升产品质量的同时，李茂盛对未来有了更明确的规划。2012年，在市场的推动下成立了贵州瑞琦，生意看似朝着蒸蒸日上的方向迅速发展，其中却暗藏危机。

因塑胶行业日渐繁荣，无数的小商小贩涌入，一时间业内各种粗制滥造的产品充斥市场，在大量质量低劣、价格又低廉的产品席卷市场之时，瑞琦也遭受了众多供应商的打击，此时一向沉稳的李茂盛也是愁眉不展。他意识到，好的企业应该带领行业进步，为人民的安全生活做保障，而不是恶性竞争，这样不但会使行业元气大伤，也会影响人民群众日常生活的安全。而高质量的产品和完善的产业链则能有效地遏制小商小贩的恶性竞争,因此继续提高产品质量和完善瑞琦的产业链成了李茂盛一直思索的问题,幸运的是,李茂盛很快便找到了答案。

在一次关于绿色环保的论坛会上,李茂盛了解到,环保是城市发展的重中之重,而塑料制品的广泛应用,成了环保的一大难题,国家也一直朝着循环利用的方向发力。李茂盛此时意识到,科技与环保和瑞琦现有的生产链条结合起来,就能率先解决塑胶行业一直面临的产业链闭环问题,并且可以带领瑞琦走向新的篇章,一颗希望的种子开始在李茂盛的心中生根发芽。

柳暗花明又一村

2016年底,一位供应商在闲谈中告诉李茂盛,安徽省界首市正在高速发展塑胶行业,省市领导班子对该行业十分重视,业内对该行业的好评不断,这引起了李茂盛的注意和好奇心。李茂盛清楚地记得那是2017年的大年初七,那一天界首市领导班子在供应商的引荐下前往重庆与李茂盛进行第一次会面,诚意十足让李茂盛至今印象深刻,难以忘怀。

第一次与界首市领导班子的接触无疑令李茂盛十分兴奋,因为界首市委、市政府在招商引资方面的重视及诚意超出了李茂盛的想象。洽谈中,界首市领导向李茂盛讲述了界首对“产”“学”“研”三块所作出的努力和未来对于界首企业的规划,并隆重地邀请李茂盛来界首看一看,坚信界首能助力瑞琦走得更远更好。

送别界首市领导一行后，李茂盛按捺不住内心的激动和欣喜，界首市委、市政府所推动的"产""学""研"正是困扰了李茂盛多年心病的良药，是帮助瑞琦走向科技产业链的最适合道路！几日后，李茂盛便启程前往界首，在界首市领导的带领下详细地了解了界首塑胶行业的现状及规划，一位领导告诉李茂盛："界首市政府就是企业的保姆，企业有困难尽管找我们，企业发展良好的时候我们绝不会打扰！"这一席话再次让李茂盛感受到了界首市委、市政府的真诚和踏实干事的作风，这与李茂盛的性格十分相符。

李茂盛了解到界首当地循环经济产业的发展历程已有30年之久，这里原材料不缺，从事该类生产的企业很多，在形成产业化的同时也早已完成了技术改造。此外，界首地理辐射半径非常大，800千米可以辐射10座城市。一是从瑞琦科技的发展规划上来看，要尽可能接近原材料供应地；二是从销售的角度来看，要具备周边辐射的能力。由此看来，界首无疑是最好的选择。

还有两件事让李茂盛感到震撼的同时也消除了心中的疑虑。一是"院士经济"。此前虽有耳闻，但李茂盛从来不知道要如何才能与高端科研人员合作。科研创新对企业长期可持续发展的重要性毋庸置疑，但很多企业缺乏这样的实力，也缺少这样的渠道。二是"一事一议"的政企对接模式。在服务企业的过程中，政府调动所有相关部门一起集中解决企业问题，办事效率很高，最能站在企业的角度解决问题。就这样，萦绕在李茂盛心头多年的宿疾就在这一次会谈中被化解了，自此，安徽瑞琦已是呼之欲出。

长风破浪会有时

2017年6月，安徽瑞琦正式成立，规划占地面积800余亩，厂房、办公楼17.7万平方米，李茂盛带领安徽瑞琦投资5000万元引进了先进的生产、检测设备；建立了严格的质量控制体系及全方向的服务流程；通过了ISO9001:2008国际质量体系认证；主要技术性指标达到同行业领先水平……而这仅仅是安徽瑞琦的开始。

2018年，安徽瑞琦通过“院士经济”的牵线搭桥，与中科院建立了产学研合作，并与四川大学高分子材料学院共同成立材料研究院，由多名高分子研发领域的院士、博士及研究生组成高水平专业团队，核心研发领军人物李忠明教授、徐家壮副教授、吕云伟副教授及数名研究生组建高层次人才团队，已获得发明专利12项，实用新型专利20项，待授权发明专利30余项，新产品的研发和推广应用已经在国内外处于领先水平。

有了科研团队的加持，瑞琦一步步补充了所需的各类研发设备及污水处理厂，经过废旧资源回收—净化处理—污水净化处理后，由技术团队生产为高分子改性材料，再进一步进行加工，最终生产成为高新技术研发下的更具有良好性能的环保塑胶管道。

而由高分子改性材料生产的塑胶管道的延展性及使用寿命大幅提升，优于同类产品50%以上，真正意义地改革了塑胶行业，并赋予了其更为光明和绿色的未来！产品质量只有更好没有最好，而李茂盛始终坚

信，世界上不存在质量差只靠便宜就能长久的产品，这份信念促成了瑞琦23年来始终坚守初心，保证质量，并不断进取的企业核心思想。

在此过程中，李茂盛感慨，来对了地方，跟对了领导，才能让瑞琦迅速走上绿色科技的新道路，才完成了他多年来对于瑞琦产业链的规划。而界首市委、市政府也在其间事无巨细地协助李茂盛和瑞琦，如同一开始承诺的那般，“只要企业有困难，政府一定竭尽全力地支持”。2019年10月17日，安徽省副省长、阜阳市委书记杨光荣一行莅临安徽瑞琦塑胶科技有限公司参观指导，再次表达了对引进产业重视与扶持的决心。

两年来，安徽瑞琦先后荣获“中国著名商标”“全国质量服务、信誉

安徽瑞琦塑胶科技有限公司
Anhui Ruiqi Plastic Technology Co.,Ltd
A6

HELI
合力叉车

AAA品牌企业""中国信用企业认证体系示范五星级单位""中国工程建设重点推广应用产品""中国绿色环保建材推荐产品""中国建设领域新技术认证"等荣誉称号。2019年12月，商合杭高铁北段开通，界首南站正式投入使用。对于高铁，李茂盛有着极高的期待，交通带来的便利无疑是巨大的，这也更加坚定了他扎根界首的信心。

时光不负李茂盛，瑞琦同样不负时光，从一个孩童时期的憧憬——"我佩服做生意的人，他们有本事"，到"质量是维护客户最好的保证"，李茂盛从初出茅庐拜师学艺，到自立门户奋发向上，其间的艰难不言而喻。能一路披荆斩棘走到现在，凭借的自然不是运气，而是那份坚毅又果敢的初心。于家庭，李茂盛是位好丈夫、好爸爸，爱护家庭；于公司，李茂盛是老板也是老伙计，为人和善，待人宽厚；于客户，李茂盛诚信经营，产品质量十分靠谱，跟他做生意，没有多余的心眼，做生意就如同交朋友一般自在；于社会，李茂盛始终秉持产品质量至上的初心，保留了这个行业的一份纯粹，也让更多的企业看到，好的品质才是留住客户最关键的因素，好的管道利国利民，坚守初心才能拥抱世界！

对于瑞琦的未来，李茂盛已经定下了目标，他坚信绿色环保行业是未来的大趋势，他有信心将产品质量做到国内第一，但李茂盛并不满足于此，“让世界人民都能用上瑞琦的好管道！这才是为国争光的事，这才不辜负界首市委、市政府对瑞琦的扶持和一路走来始终陪伴的兄弟们”。这个男人的眼神中始终透露着自信和笃定，20年迈出千余里，在他看来，饱满的热情和努力的拼搏才是人和企业家的精神所在，“世上无难事，只怕有心人”，这句话放在李茂盛身上，再合适不过了。

坚守了20载的初心就像星星之火，从重庆烧到安徽，已成燎原之势，并在界首这片丰沃又厚重的土地上再一次熊熊燃烧，像一座灯塔，拨开前路的迷雾，把希望带到眼前，让李茂盛深深地感受到，瑞琦大有可为，未来可期！

刘涛

界首市兴华渔具有限公司董事长

公司不是一个人的公司，
是每一位员工的公司，
未来也会交到更多人手上。

刘　涛
"渔"乐圈中人

文/杨蕊　摄影/徐璐

走进位于界首西城科技园的兴华渔具时，董事长刘涛刚刚与越南安徽商会的客商完成洽谈，此刻的他显得异常兴奋，"我们正在合作打造一个互联网平台，将渔具产业链上下游的所有品牌企业整合到同一个平台上，既实现互联网的电商销售功能，又充分利用新技术形成渔具产业的线下和线上互动"。

在刘涛设计的这个架构里，渔具生产企业、经销商将逐渐摆脱对传统销售模式的依赖，逐步将重点转移到"渔具4.0"互联网平台上来，这个平台不仅具备所有先进的互联网技术：包括区块链、大数据、直播带货、精准营销等，还将成为渔具品牌的网络集中展销中心。

小城里的新商业模式探索

对于电商4.0模式，百度搜索是这样解释的。

“在电商4.0时代，去中心化、去平台化是主要特征，每个个体都是合伙人，通过共享经济赋予个体最大的网络资源，让每个个体都成为创新的中心，并精准获取客户；不同于以往的电商模式，所有过去被传统电商霸占的资源都将被开放共享，所有合伙人的资源都成为共享，而维护的方式就是互联网这个工具。”

刘涛口中的“渔具4.0”正是被注入了这种新商业模式的精髓。

“界首已经打算申报‘世界鱼饵之乡’，而我设想的这个综合性博物馆，将成为最重要的实体抓手和落地方向”，这里的“鱼饵”即是刘涛和兴华渔具所从事的仿生鱼饵制造产业。目前，在界首已有30余家仿生鱼饵生产企业，经历了近30年的发展历史，从曾经的小作坊变成如今的产业化集群，实现年产值近10亿元，提供了3万个就业岗位。

在兴华渔具“TrueSpeed纯速”产品展厅里，各种仿生鱼饵五彩斑斓、栩栩如生，“不要小看了一个小小的鱼饵，这里面也包含了我们很多技术专利在里面”，刘涛介绍道。界首的仿生鱼饵产量占据了全中国80%的份额，其中90%出口北美、欧洲、澳洲和东南亚的20多个国家。

为了加深对新商业模式的了解，刘涛曾专门前往深圳规模最大的网红直播基地进行实地探访。在那里，他被一幅幅图景所震撼，多年来立足传统销售模式建立起来的信心瞬间被击溃。"这里就像是一个网红的孵化工厂，在大大小小的隔间里，专业的影像、灯光和直播设备一应俱全，货架上的产品流水一样变换，网红在这里各显神通，背后是可以在几秒钟之内喷涌而来的数以万计的订单！"

在刘涛的规划中，未来兴华渔具必须具备资源整合的能力。

第一步，开发建立一个渔具商城，该商城的定位是通过整合各家渔具生产商成为B2B2C平台。将过去的线下销售模式逐步转化为全线上销售模式，并通过该平台摆脱传统电商巨头对销售商的资源控制。"假设一个地区有500家渔具销售商，那么我们至少要发展200家进驻，并在全国实现20000家实体店的进驻，这样一来，平台便拥有了在产业链上下游中绝对的话语权，能够以更低的成本拿货，以此来赚取其中的差价。"

第二步，逐步拓展体验与测试模式。通过线下的实体渔具博物馆与线上销售相得益彰，如此一来，不管是国内还是海外的采购商都可以在这个平台上进行采购，并且在线下体验中心进行体验和测试。

第三步，开拓海外市场。人才战略也是"渔具4.0"的核心架构之一，其核心内容就是通过与海外专业机构和所在地团队的合作，发起对所在国渔具资源的整合工作，相当于"借船出海"，在海外开拓一个轻资产运营的"分部"。

熟读兵法，深谙商道

70后的刘涛沉着稳重，他讲话语速极快，思维清晰，无论是对自己还是对整个团队，他尤其强调效率制胜的重要性。

他不是历史迷、不是军事迷，却对兵法、商道有着自己独到的理解和运用。

在刘涛看来，自己当年是“误打误撞”进入了渔具行业，所谓“知己知彼，百战不殆”，刘涛第一次创业就栽在了“不知者无畏”上。

兴华渔具成立于2006年，在此之前，刘涛和很多界首企业家一样，基于废品回收产业从事着塑胶生产工作。

兴华的成立完全是偶然机会，因为听到别人对渔具行业的评价是“这个行业不欠钱，订货时必须首先垫付资金”。这听起来简单的理由却一语中的地道出了很多企业在发展过程中遭遇的最大痛点——垫资易、回款难。“那时候搞塑胶生产，往往忙活一年，到头来还要被客户拖欠货款，总有一种白干了的感觉”，这让创业中的刘涛充满无力感。

租厂房，招工人，兴华渔具厂就这么开张了。在兴华刚成立的头两年，因为对市场不熟悉，缺少调研，好景不长，因为没有订单，兴华的厂房里一度只剩下一名工人象征性地坚守着岗位。此时刘涛蒙了，自以为是“好做”的生意，哪儿那么容易？

深思熟虑后，他意识到莽撞地进入这个行业不是错误，没有周密细致的准备才是“病根”。他首先决定积极参加各类渔具用品博览会，接触

了很多贸易公司，同时致力于取长补短，改善兴华渔具的产品质量。

2007年底的时候，通过贸易公司的渠道，订单量终于有所提升。“在顶峰时期仅宁波就有60多家贸易公司与我们合作。”创业头三年，兴华始终亏损，但是到2009年终于实现营收持平，并在2014年产生了盈利。刘涛一鼓作气又申请了进出口贸易权，开始接触国外商超巨头。产生了足以支撑企业良性发展的资金和订单后，刘涛在界首西城工业园投资建设了自己的厂房，此时的他才真正找到了方向，并且决定甩开膀子好好干一场。

2017年互联网经济火爆全国，渗透到消费者生活的方方面面，刘涛果断决定收缩外贸业务。此时的兴华虽然通过外贸渠道收获了雪片一样的订单，但往往是通过中间商环节和客户压价实现的，它从中获取的利润非常有限。

在决定将业务从对外转向对内的时候，刘涛也清醒地意识到此时进军互联网经济在时机上已经滞后了，是否能够在新开辟的阵地上异军突起还是未知数。因此，他决定独辟蹊径，走出一条不一样的发展之路。

首先是充分的调研。不同于初次创业时的莽撞，这一次刘涛觉得只有对互联网平台和平台上未知的对手们做到知己知彼，才能够在未来的直接交锋中取得胜利。

为此，他带领团队先后调查了很多淘宝、天猫平台上的爆款产品。之后他们发现，虽然那些经销商在产品销售上占尽了先机，但背后却缺少专利的保护。

机会来了！

刘涛接连申请了70余个生产专利，同时对新产品进行了加速开发，并且找到上海的专业公司进行全面包装。同时，他组建了强大的运营团队和法务团队，开始在电商平台上疯狂地攻城略地。"那些经销商收到我们的专利侵权起诉时，还来不及反应，大多选择了跟我们合作，即使前期沟通无果的，面对专利保护，他们也只得和我们坐上谈判桌。"兵贵神速，刘涛发起的这场"战役"，终于为兴华的发展扫清了障碍。

任凭风浪起，稳坐钓鱼台

在1992年的美国影片《大河恋》中，布拉德·皮特在湍湍溪流中用"飞绳钓法（路亚钓的一种方式）"成为电影史上无比经典的画面。

兴华所生产的仿生鱼饵，便是路亚钓最主要的工具之一。

虽然我国是钓鱼大国，但还是以传统钓法和台钓法为主，路亚钓在近年来逐渐成为一种新的流行时尚。"在西方国家，路亚钓普遍被誉为'钓鱼高尔夫'，也充分证明了这项运动的极致优雅"，刘涛也非常喜欢钓鱼。

"路亚钓法实际上是利用仿生鱼饵，在水中模拟栩栩如生的自然小鱼、小虾、昆虫等吸引鱼儿发动攻击，同时也利用了鱼儿自身的生理感应，设计出了很多通过声、光、色来引诱鱼儿攻击的产品"，刘涛介绍，与传统钓法不同，路亚钓能够让钓者全身得到运动。

为了做好渔具产品，刘涛首先让自己成为钓鱼运动的行家里手。为此，他远赴中国山东威海、青岛以及俄罗斯、美国等地参加考察和体验，他希望达到两个目的：一是进一步推动中国人对这项运动的认识和接

受程度；二是不断收集改进产品的意见和建议。

“钓鱼是非常讲究策略和细节的”，这让他深刻感受到要从细节上把握企业管理的模式、服务质量等。“钓到鱼会有一种收获感和成就感，这种成就感既取自钓鱼运动，也可以延伸到一个人的生活和事业当中。传统钓法更加讲究修身养性，而路亚钓法会让人体会到运动的快感。”

说起来云淡风轻，他在创业之前也是吃过苦头的。

刘涛出身农村，家中排行最小的他在初中辍学后就在塑胶厂打工做塑料拖鞋。一年多之后，他又跟着乡友做废品收购，60天挣了40元，这算是迈出了闯世界的第一步。

“在寒冬风餐露宿，一天吃两顿饭，早晨两个馒头，晚上两个馒头，只有一个青菜绿豆芽能尝到一点油腥”，这样的经历令他终生难忘。他脑子活络，后来又跟人去太和做药材生意，并且在商丘、周口等地拿下了很多医院，赚到了第一桶金。2005年，国家加强药品管控，这个行业又面临巨大的困难。

“打工始终是给别人做嫁衣，那时候我迫切希望拥有自己的事业。”

进入渔具行业之后，刘涛深刻体会到诚信的重要性。比如，作为生产厂家，渔具产品做得很好，采购商却并不了解生产厂家的实力如何，技术水平如何。为了解决这个问题，刘涛交代团队在将产品样册邮寄给采购商的同时，还要附上两个渔具产品样品，打破过去客户只能看到产品电子效果图的弊病。诚信是交易的基石，要最大限度地消除客户在产品定制和采购方面的疑虑。

与此同时，重点改善产品细节和质量，最大限度地提高客户满意度。这样一来，不仅增加了订单量，还增强了客户黏性，使得企业走上了良性发展之路。在这个过程中，刘涛秉承“客户就是上帝”的宗旨，来一个客户就保一个客户，让客户赚到钱，以此反哺兴华渔具。

很多友商都会参加展会，兴华也不例外。但是回来后友商经常反馈没有收获订单，参加展会成了一种形式。但是刘涛对此的看法不同，展会是个交易平台，是为了让生产厂家能够以最低成本与最多的精准客户实现合作洽谈。对此，刘涛讲究的是“纯速”，在展会对接的任何一个环节，讲究对接和落实的速度。“我们回来后就要提高研发速度、备货速度、物流发货速度，把所有细节和体验做到最好”，如此一来，展会就成了兴华打开市场的重要窗口。

放眼国际市场，目标百年老店

刘涛在一次考察中前往美国奥兰多市，见识到当地居民的一种娱乐方式：10米外放置一个水杯，然后将路亚钓鱼饵进行投掷训练，这就相当于我们童年时的一些传统娱乐项目。

因为业务往来，他还接触了挪威一家有着200年历史的渔具厂慕斯达（Mustad），带给他内心极大的冲击。

路亚钓这项运动在国外更加普及，在与国外客商打交道的过程中，刘涛有自己的“三心”秘籍。

首先是与客户“交心”。在与客户接触的过程中，如果报价过高、效率低，就再也没有合作的机会了。刘涛通过总结参加展会的经验得出了一些规律：一是每一位采购商在逛完所有展厅几千家展位后，手上也许会拿取几百份产品资料和画册，但是因为拿不下，有些就被丢掉了；二是由于集中性大量合作对接，一开始的印象会随之淡忘，后面接触的可能会印象更深；三是展会洽谈后，能够形成交易的平均时间大概是三个月，但就是这三个月的关键期，很多生产商往往忽视了。兴华就是在这个关键期内，与客户密切沟通，提前"交心"。

其次是让客户"放心"。产品的质量是客商最关注的问题，兴华每一批次产品在出厂前要经过三次质检，并且在客户等待收货的过程中，兴华会将产品质检情况上传到订单中，这些信息包括了产品生产进度和是否出现质量问题以及解决方案，让客户随时掌握，共享信息。虽然细节更加烦琐了，但这也成了兴华渔具与其他厂家不一样的地方。

在产品创新上，兴华不断加快节奏；在工艺改良上，兴华也不吝加大投入。

2015年，在刘涛的坚持下，兴华成立了自己的模具加工中心。"阜阳地区方圆200千米没有专业的模具加工厂，反复修改导致沟通成本高、效率低，如果我们自己有模具厂，就可以大大提高效率、降低成本，同时解决了模具维修维护的问题。"这样，既提高了兴华渔具在整个产品生产链上的专业程度，也大大提高了企业的竞争力。

"借船出海"，同样是刘涛带领企业发展的法宝。他强调，要秉承为客户创造价值、为企业赢得朋友之是兴华发展的宗旨，"广交天下客户，让客户成为我们的朋友，通过朋友带来资源"。在研发过程中，他宽容失败，因为研发过程不可能一帆风顺，作为企业的掌舵人要给予研发团队更多宽容和支持，让研发团队“慢工出细活”。在企业管理上，刘涛强调的是“公司不是一个人的公司，是每一位员工的公司，未来也会交到更多人手上”……这些理念他从来不是说说而已，而是早就落实在了兴华发展的每一步上。

如今，他崇尚互联网新技术，崇拜那些百年企业对细节的孜孜以求，憧憬未来在小城界首建立世界级的渔具王国。

界首的发展无界，正如人的思维无疆。

申乾成

安徽冠弘塑业有限公司董事长

做一个厚道之人，
生活的好运自然会降临到你的身上，
人生也会处处充满希望。

申乾成
"塑"业有专攻

文/詹程锐 摄影/姜朝洋

"前世不修,生在徽州;十三四岁,往外一丢。"600年前的徽州人是不幸的,徽州绵延数百里的山区和贫瘠的土地让他们不得不离开家乡谋生;然而他们又是幸运的,正是这种苦难造就了名流今世的徽商。

申乾成和古徽商成长的轨迹极为相似。当被问及20世纪90年代末走出家乡、外出历练的动机时,他朴实的回答中透着一股时代感,"为了生活,也为了实现自己的价值"。

14岁时,他只身一人来到河南帮家里做生意,不仅收获颇丰还另开辟了一条销售渠道;15岁时,他大胆创新购买新设备批量生产再生塑料颗粒,在界首市再生塑料产品尚在襁褓中时便赚得盆满钵满;22岁时,他转做废旧塑料再加工雨鞋,并带领界首市光武镇多个同行企业共同发展;34岁时,他专注改性塑料技术新领域,将安徽冠泓塑业有限公司打造成国内高标准的再生塑料改性生产企业。

回首往昔，他感言道：“如果说创业的成败与运气有关，那么我的运气必定离不开‘弘毅宽厚’这四字人生哲学。”

少年的敢为人先

“欲识金银气，多从黄白游。一生痴绝处，无梦到徽州。”

明清时期，徽商崛起。扬州的盐商、苏州的典当、杭州的木材行和药材行尤以徽商著名，有“无徽不成镇”之说。贾而好儒，儒道经商，使他们在商场上运筹帷幄、以一赢十。

作为新徽商的申乾成，古徽商精神不仅被他奉为圭臬，“敢为人先”的现代创新精神也被他融进企业文化里。一路走来，经历过低谷也迎接过高峰，如今的他将继续有条不紊地应对接下来的挑战，带领安徽冠泓再攀高峰。

“做一个厚道之人，生活的好运自然会降临到你的身上，人生也会处处充满希望。”

初见申乾成时是在界首高新区光武科技园，那里是安徽冠泓塑业有限公司的生产基地。魁梧壮实的身材，笔直的腰杆，率直豪爽的语言，一见面便能立即体察到他作为地道皖北人豪情的夺人气场。

访谈那天，他热情地让助手泡了两杯茗茶，豪爽地说，工厂这几天正在井然有序地生产一批用废旧塑料再加工的雨鞋。和员工一样，他也连续加班多天。在谈及往事时，申乾成偶尔抿口茶，伴随着茶香的蒸汽袅袅上升，申乾成的思绪逐渐陷入了岁月的长河。生命中那些人、那些

事,他和着茶味娓娓道来。

时间回溯至1997年，那一年，14岁的申乾成在学校屡次考试成绩不佳，逐渐对学习失去了信心，整天垂头丧气。这一切都被其父亲看在眼里。向来对儿子颇为信任的父亲认为，胆大心细的申乾成是经商的“好材料”。俗话说：“三百六十行，行行出状元。”

那年寒假的一天夜里，经过与儿子彻夜长谈，申乾成的父亲决定效仿古徽商的成长轨迹给予他一次实实在在的历练。由于家里是做塑料回收生意的，1998年春节后不久，父亲便匆匆出门，用家里所有积蓄收购了22吨塑料，并将申乾成及这批物料安置在河南一家鞋厂里。没多留片刻，父亲就起身返回，临别之际只告诉他把这批塑料销售完。望着父

冠
泓

亲头也不回的背影，彼时的申乾成内心充满了迷茫与恐慌。

好在鞋厂里大多是年轻人，申乾成很快便和他们打成一片，也适应了周边环境。为了不让父亲失望，经过几天的休整后，他开始向当地一些厂家推销父亲交给他的回收塑料，打算早点卖完回家。然而现实的一切都与他的愿望背道而驰。由于当地鞋厂生产鞋子都是用新料，对再生塑料没有概念，市场难以打通。再加之一见他还是孩子模样，当地厂家就更不想再往下谈了，连续20多天都没卖出一个塑料，申乾成开始对自己的能力产生了质疑。

然而皇天不负有心人，事态在当地一家专门生产棉拖鞋的厂里出现了转机。望着满头大汗的申乾成锲而不舍地讲解再生塑料生产拖鞋的优势时，这家鞋厂的老板决定先拿一些物料试用看看效果。经历一周的等待后，鞋厂告诉申乾成决定购买他剩下的所有塑料，同时还要与他建立长期合作关系，这让申乾成看到了希望的曙光。

从河南回来后，他听从父亲的安排，一直在光武市场上照看自家生意。一天，父亲告诉他，来自江苏的一家国有企业的高管希望从他们家直接购买塑料颗粒，他果断建议父亲购买机器，将自家回收的塑料初步加工成塑料颗粒。彼时，光武市场上还没有出现生产塑料颗粒的厂家，申乾成认为这是一个很好的商机。看着儿子胸有成竹的模样，父亲决定听取申乾成的建议。

"我们是光武镇乃至整个界首市从事生产PVC塑料颗粒的第一家。"无疑，当时年仅15岁的申乾成身上有一种同龄人所不具备的勇气与魄力，而这正是一个成功的企业家应该具备的。

融洽的同行关系

经过一段时间的摸索，申乾成一家获得了一笔不错的收入，于是光武镇上很多从事回收塑料的商贩转行做起了生产塑料颗粒。加之2004年光武镇与长三角多家企业建立塑料产业合作关系，一时间，光武镇出现了大规模的塑料颗粒批量生产，并进入飞速发展期。

“镇上塑料颗粒生产商多数都会请我过去做技术指导。”向来崇尚儒商的申乾成毫无保留地将塑料颗粒的生产技术教给大家。在其看来，实现共赢才能让光武镇的塑料产业得到发展和提升。

然而，好景不长，还不到一年的时间，多家塑料颗粒生产商陆续倒闭……一场前所未有的挑战已然来临。

“在后来所有人都一窝蜂地生产塑料颗粒时，我就预感到这个市场将迎来危机。”申乾成表示，大规模的同质化生产必定会让光武镇的塑料颗粒市场趋向饱和，因此，他果断把手上所有的塑料颗粒低价卖出，将风险降到了最低。

随着时代的发展，节能环保的需求越来越大，循环经济的发展逐渐成为我国社会经济可持续发展的方向之一。彼时，申乾成非常看好再生塑料市场，并将目光投向了废旧塑料再加工领域。

“现代人的生活已离不开塑料制品，全球每年生产大约3亿吨塑料。塑料给人类带来便利的同时，由于它无法自然降解，产生的塑料垃圾也给人类带来了巨大的麻烦。所以再生塑料的市场可以做到无限大。”

2005年，申乾成决定创办一家废旧塑料加工雨鞋的公司。初期，他在朋友的引荐下，来到广东省揭阳市购买相关生产设备。就在他在当地市场选购设备时，一位热心的男子给了他中肯的建议。俩人一见如故，聊天后方知这位热心的男子也是当地一家废旧塑料加工雨鞋厂的老板，名为黄宏彬。只是当时的申乾成万万没想到在不久之后，俩人会为同一个事业目标携手打拼。

由于缺少相关经验，申乾成在创办废旧塑料加工厂时，无论是生产技术还是销售渠道都困难重重。而每当他一筹莫展之际，好友黄宏彬便

会打来电话给予帮助指导。虽然俩人是同行，但黄宏彬无私的帮助，让申乾成颇为感动，"是他让我明白同行之间可以互帮互助，并且可以成为一生挚友"。

经过精心筹备，申乾成成功创办了界首市前程塑胶厂。历经两年的业务发展，前程塑胶进入了高速发展期，年产值突破2000万元。同时，他还接到界首市光武科技园的邀请，将生产基地搬进了园区。

"如果我有能力帮助别人，就一定会尽全力去帮。"在前程塑胶厂快速发展的同时，申乾成仍和三年前一样，为刚入废旧塑料再加工制品领域的厂家提供技术上的帮助。被问及是否担心同行过多而导致市场危机时，他表示："生产塑料颗粒比较单一，很容易引起市场同质化生产的现象。废旧塑料再加工制品却不同，它最终是以产品的形式对外销售，而产品的形式是可以多样化的。"

2008年，界首市从事废旧塑料再加工制品领域的企业有11家。在申乾成的推动下，这11家同行企业建立起融洽的互帮互助关系。

然而在一年之后，申乾成的一个举动让原本亲密无间的同行业者对其产生了隔阂。

彼时，界首市展开了大力招商政策，并全面营造出良好的营商环境，促进当地企业良性发展。看到这一利好政策，他第一个通知了当年帮他创业的黄宏彬，而彼时的黄宏彬在全国的废旧塑料再加工雨鞋领域里早已占有一席之地，这让界首市的部分同行业者感到不安。光武镇的市场就那么大，黄宏彬企业的实力又很雄厚，他的到来是否会给光武镇的中小型废旧塑料加工雨鞋厂带来危机？

扬起新帆新旅程

“一个地方产业要想得到发展，不仅需要不断壮大自己，还要引进实力雄厚的企业带动整个产业的提升。”

在申乾成看来，能够在黑暗中摸索出正确道路的人毕竟是极少数，但是如果跟着这些成功的先行者奔跑，则很容易迎来胜利的曙光。2010年，在申乾成的引荐下，黄宏彬在光武园区创办了安徽冠泓塑业有限公司。

之后的四年里，安徽冠泓迅速发展壮大，同时光武园区里的再生塑料产业也因冠泓的到来得到了质的飞跃，“尤其在废旧塑料加工雨鞋领域里，冠泓的到来不仅提升了我们当地再生塑料产业的知名度，还带动了当地雨鞋70%的销量”。

就当大家抱团一起潜心发展时，2015年，冠泓却因内部管理混乱，导致亏损几百万元，企业发展一度陷入困境。与之形成鲜明对比的是，申乾成的前程塑胶厂却在积极向上追赶。

作为挚友，黄宏彬对申乾成极为信任，多次主动找他探讨冠泓发展存在的问题。但对于当时的冠泓来说，迫切需要一位强有力的管理者进行大刀阔斧的改革。经过多次反复地沟通，黄宏彬力邀申乾成加入冠泓，帮他最大限度消弭存在的问题，让冠泓这艘偏离航线的“巨轮”可以重新回到正确的航线上。

面对这份沉甸甸的信任，申乾成感到压力十分巨大。但为了让冠泓重新扛起光武再生塑料加工雨鞋的大旗，带领地方再生塑料制品再度升级，申乾成在2017年临危受命，出任安徽冠泓塑业有限公司董事长一职。

上任初期，他实行"两手抓"策略。一方面，紧抓内部管理，重塑严格的管理机制；另一方面，凭借着对市场的敏锐性，他捕捉到近年来在新发展理念的引领下我国塑料加工业蕴藏的巨大商机，并制定了冠泓再生塑料从民用雨鞋到工矿雨鞋再到食品卫生靴等领域的应用研发战略。

在申乾成看来，经过数十年的快速发展，我国塑料制品行业在产业结构调整、转型和升级中不断发展变化。目前，我国塑料加工业已进入发展的新阶段，全球创新格局和产业变革的不断加速，先进的科技创新技术倒逼塑料加工业向中高端迈进。

"只有保障产品力的持续提升，才能为冠泓在激烈的市场竞争中赢得先机。"目前，冠泓已与合肥工业大学、上海大学等高等院校建立了产学研合作，同时作为安徽省唯一一家长三角改性塑料联盟成员，对接了上海普利特复合材料和金发科技等企业，依托平台力量研发制造汽车内外饰、工程塑料、家电塑料等配套改性颗粒。此外，冠泓还成功与上海回力鞋业有限公司建立密切的合作关系，成为上海回力授权的生产加工基地。

经过三年多的辛苦努力，安徽冠泓的再生塑料业务将在2020年进入快速增长期。

"科学开发'城市矿产'资源，让循环经济成为界首的特色经济。"

一路走来，申乾成带着这样的愿景大胆创新，凭借着一种感恩过往、做好当下事的信念和成熟的人格魅力带领冠泓步入一个全新的时代。

作为界首的新徽商，申乾成谦虚地表示，不敢说自己是企业家，却是一个真正崇尚徽商精神的人，“从小父亲就教诲我，要做一个弘毅宽厚之人。其实做人与经营企业是一脉相承的”。

如今，冠泓这艘“巨轮”已重新在商海里扬起“新帆”，以不可抵挡的气势乘风破浪，致力于开创改性塑料技术新领域。

施迎春

安徽东锦服饰有限公司董事长

研发的投入，
是企业发展必不可少的支出，
当然它带来的收益也是非常大的。

施迎春
锦绣迎春

文/孙书文 摄影/徐璐

不站在安徽阜阳界首高新区安徽东锦服饰有限公司的300亩厂区里，你想象不到柒牌、利郎、江南布衣、劲霸、太平鸟、速写、安踏等国内知名品牌的服饰，是由位于皖北界首市的这样一家服饰企业代加工厂生产的。

2012年，安徽东锦服饰有限公司董事长施迎春带着年产3万吨精梳紧密纺新型高档面料及500万套服装智能化生产线落地安徽省界首市，项目计划投资6个亿。

“这是我的二期厂房，第一期整个建设是5万平方米，一切都很顺利，整个规划要建容纳1万人的工厂，打造成时尚服饰集团公司。”施迎春说。

目前，公司一期项目在界首市委、市政府的支持下顺利建成投产，并给施迎春带来了可观的经济效益，现在二期项目也在紧锣密鼓地建设中。

2012年，东锦服饰年营业额5000多万元，拥有员工200多人。2019年，公司营业额6亿元，上交税金5000多万元，为地方提供5000多个就业岗位。

经过短短几年的发展，安徽东锦服饰有限公司从无到有、从小到大，现在已经成为界首市的龙头企业，界首市委副书记、市长何逢阳对安徽东锦服饰有限公司的快速发展给予了很高的评价。“全市上下要向东锦学习，学习东锦不懈追梦、创造奇迹的精神；学习东锦与时俱进、引领潮流的精神；学习东锦以人为本、团结拼搏的精神。”

家族创业基因

在闽南，海洋文化深入骨髓，人们崇尚离乡背井、出外谋生的打拼精神。施迎春的家族有着浓烈的创业基因。

1971年，施迎春出生在晋江市深沪镇浔光村。施迎春回忆，小时候家里非常穷，到小学五年级，都没有一双像样的鞋子穿。

从小，施迎春兄弟四人就耳濡目染勤奋的父亲为生计奔波。早些时候晋江的创业者大多文化水平较低，普遍高中都没有读完就出来打拼，施迎春兄弟也是如此。十多岁，初中毕业的施迎春就跟着父亲施能辉到广东闯荡，兄弟几人跟着父亲、叔伯做贸易。

1992年，施能辉与家族五兄弟共同创办了福建浔兴拉链科技股份有限公司，2006年12月，公司于深交所成功挂牌上市。后来，浔兴拉链

的SBS品牌产品产销量一直位居中国第一、全球第二，被誉为“中国拉链大王”。

1998年，施迎春被公司委派到上海成立分公司，先后主持开发产品、工艺等项目200多项，其中4C多项获得专利。但施迎春志不在此，创业的想法一直在他的脑中萦绕。

在浔兴集团上市之际，施迎春决定离开家族企业，施能辉十分不理解儿子的选择，非常生气。

“我跟我爸说，公司做得再好都是你施能辉的，我走到哪里都只是施能辉的儿子。”同时，施迎春觉得家族管理不利于企业的发展，浔兴拉链由施能辉五兄弟共同创建，而到施迎春这一代已经有20多位兄弟姐妹了。

“我们20多人不能都待在一个集团吧，也不可能这么多人一起接老一辈的班，这不现实。”作为老大家的孩子，施迎春选择先离开集团，相关业务请职业经理人接管。

私下里，施迎春也想跟自己较劲，出去博一把，证明离开集团自己也能创业成功。

施能辉大为恼火，对施迎春撂下狠话，“要走你一个人走，以后别想得到我的任何支持。在外面也不准你提浔兴，有本事自己创业去吧”。

2000年，施迎春还是一个人毅然决然地从浔兴集团出来，进入原本他并不熟悉的领域——纺织面料，创办上海东锦纺织。

刚开始自立门户的施迎春面临资金和人才的双重压力，没有资金，他就一家一家银行地跑，没有人才他就亲自登门拜访。创业第一年，施迎春就创造了3000万元营业额。

“一是做纺织面料跟拉链有很多交叉业务，以前做拉链合作的客户，大多也需要纺织面料，而且客户的质量，我也门清儿。二是以浔兴拉链的知名度，很容易跟国内一线服装品牌达成合作，毕竟都在服饰圈内，非常熟悉，方便沟通。”从集团出来为什么选择做纺织面料，施迎春的考虑无不透露着闽南人的精干，当然他也经过了大量的调研走访和认真详细的规划。

尽管施能辉放了狠话，不理儿子，但如施迎春所料，老爷子还是在

他创业背后默默地给予了很多帮助，“特别是背靠浔兴这个品牌，出去做生意容易多啦，你不用开口，人家也愿意跟你合作。这我很清楚，也很感恩父辈给我铺垫基础”。

如今，虽然集团发展一切向好，但施能辉对施迎春企业的规划和发展依然不放心、不理解。

特别是施迎春到安徽创办服装厂，施能辉也不理解，“主要是觉得我长期跟家人不在一起，不利于家庭和睦，老一辈非常看中这些”。施迎春大女儿在美国纽约留学，妻子带着另外两个孩子在上海生活，父母

则在晋江安享晚年。每个月，施迎春都会抽空回去陪陪父母，回上海与妻子孩子团聚。

锚定界首发展

对于到安徽省界首市投资创办服装厂，施迎春也经过深思熟虑。

“一方面，阜阳市在中国中部，交通便利，发展趋势很好，而且是人口大市，便于发展劳动密集型产业；另一方面，界首市委市政府的服务非常用心。”施迎春说。

2010年，施迎春到河南、安徽等地考察，在界首时，被界首市委市政府领导说的“围墙内的事你做好，围墙外的事我们做好”这句话感动了，最终选择了在界首投资。“政府在征地、招工等方面给我们提供帮助，到现在不用说围墙内和围墙外的事了，已经给了我们很大的发展信心，市委书记、市长来到我们公司现场办公，为我们二期发展做了不少工作。”施迎春说。

七年来，安徽东锦服饰成绩斐然，与众多国内外一线品牌达成长期合作关系。在施迎春看来，他手旦有三件“法宝”。

一是对外讲究诚信。以交货日期为例，施迎春认为，对生产商来说，违约损失的不过是一点违约金，损失是可计算的。但对品牌方来说，是商品不能按时上架，失信于消费者，损失是不可估量的。“所以我们把交货日期看得比自己企业的生存还重要，一切以客户为主。”

二是对内推出“千万股权内部激励”政策。施迎春拿出40%的股份，奖励企业中层管理人员和优秀员工。同时拿出100万元成立了工会关爱基金，完善职工救助体系，缓解职工的实际困难，解除了员工的后顾之忧。

三是采用先进的智能设备。服装机械设备更新换代很快，一旦有最新的设备，施迎春都不惜重金采购。“研发的投入，是企业发展必不可少的支出，当然它带来的收益也是非常大的。”

特别是与知名服饰品牌江南布衣达成合作，很大程度上是因为施迎春大胆采用了最新的智能设备，让品牌方看到了企业的诚意。

当初，江南布衣到界首考察东锦服饰，对服装厂的规模和产能很满意，但是对厂里的生产设备不认可，认为当时的机器不能满足他们的制作需求，需要更新最先进的机器。“我问品牌方，如果我们合作的话，需要多少台这样的设备？”得到江南布衣的回答，施迎春立即采购了十余台机器，在还没有达成合作的情况下，前期一次就投入200多万元。“江南布衣的企业负责人简直不敢相信国内还有这么胆大的厂家，敢这么做生意，便到界首来谈合作。”施迎春说。

随后，江南布衣与东锦服饰达成代加工生产合作协议，又派专门的技术人员指导生产。

跟江南布衣品牌合作，施迎春记忆犹新，“他们品牌设计很独特，加工要求非常严格”。有时候为了满足他们家的一道工艺，施迎春要找很多工人手工缝制。现在东锦服饰有1000名工人、3条生产线专为江南布衣做代加工，产量约占江南布衣30%的份额。

东锦服饰以高品质和良好的信誉赢得了众多国内外一线品牌的信任与支持，并与浙江理工大学服装学院、安徽农业大学纺织服装学院签订了《企业提升发展战略合作协议书》，建立了科技合作关系。

在企业发展壮大的同时，施迎春还热衷于公益事业，积极参与扶危济困、捐资助学的活动，他的善行义举，得到了受助群众的感激，也赢得了社会的赞誉和认可。2017年，施迎春被推选为安徽晋江商会首届会长。

坚守实业初心

自2006年起，施迎春选择自主创业，进入纺织和服装业，走上实业发展之路。而这十多年来，中国最赚钱的行业无疑要数房地产行业和互联网行业。

看着身边的亲朋旧友在这些领域赚得盆满钵满，他反而自嘲，“我看到有段子说‘中国第一傻是卖房子去创业’，我就是这样的人。我们做实业就要一直坚持做实业，就是要踏踏实实地干”。

服装行业的商业模式几乎没有秘密可言。服装企业大致分为三类：一类是品牌运营商；另一类是服装加工厂；第三类则是服装经销商或称为品牌代理商。

东锦服饰即属于服装加工厂，而服装加工厂的利润空间十分有限，原材料和人工成本是刚性成本，特别是近年来人工成本占比不断上涨，进一步侵蚀加工环节的利润。加工制造通常在产业链中处于极为弱势的地位。

“看到很多人在其他行业轻轻松松赚钱，我心里也有些想法，我们赚钱很辛苦，没有人家那么潇洒。但我没的选啦，既然选择传承家族的实体产业，必须用心做好。”施迎春说。

而投资方向也是远在千里之外的施能辉不放心的事，他担心施迎春在外面“搞别的投资”，施能辉经常“偷偷”联系施迎春的助理，定期了解施迎春企业的经营状况。

在大多靠实业起家的老一辈企业家看来，投资与赌博无异，特别是风投，更有“不务正业”的嫌疑。“我们公司做的业务我父亲都非常了解，但是他最担心的是我做矿产、金融之类的投资。”一代企业家更希望子女回归实业，将家族的事业延续下去。

在闽南人的经商智慧里，除了爱拼敢赢，就是熟人圈子文化。服装界的企业家之间的关系很好，经常在一起交流经验。各品牌会联合一起采购，能够有更强的议价能力，从而降低成本。

提到晋江的知名服饰品牌，施迎春赞不绝口。他特别讲述了在上海目睹劲霸服饰负责人管理企业的细节，深有感触。

一次偶然拜访，他发现劲霸服饰负责人在做项目决策时，是将小组人员分为正反对立的两派，让他们充分讨论利弊，看究竟哪一方更有说服力。“他们开会吵到凌晨三四点钟，我回来跟我们公司的管理层说，大家都感觉很新奇，原来也不是老板说什么就是什么。”

施迎春后来也将这种管理方法运用到自己的企业管理中。“我要求每个月的中层例会上，大家都要对我提出批评和意见，具体说说哪些方面做得好，哪些方面还需要改进。”

在施迎春眼里，服饰圈值得学习的前辈太多了，尤其是打造了一系列晋江系品牌的同行，都是他仰望的高山、学习的榜样。

施迎春最佩服的人是维珍妮国际（控股）有限公司董事局主席洪游奕，提起这位晋江老乡，施迎春仰慕不已。“谁能想到深圳的服装厂有超过2万名工人，他们为‘维多利亚的秘密’做代工，而且以附加值更高的IDM（创新设计制造商）模式为客户服务，现在‘维多利亚的秘密’已经离不开他了。他是我们晋江人的骄傲，是我们服装行业的标杆，是我学习的榜样”。

IDM模式，即为客户提供从产品概念构思、原料与技术研发、功能规格设计到生产制造的综合服务。

这也是施迎春一直努力的方向或者是企业下一阶段的发展方向。“我们公司第一阶段——生存阶段已经完成了，现在已经进入第二阶段，为品牌提供设计加生产的综合服务，下一阶段，就是打造自己的服饰品牌。”

宋金林

安徽省金兰金盈铝业有限公司总裁

以规模、技术、品牌、管理和服务为主的企业综合竞争能力日渐重要。

平安企业

宋金林
人在“铝”途

文/邵梦 摄影/姜朝洋

说起废品回收，人们能想起什么？

是夹带着浓重口音重复念着“回收旧冰箱，旧彩电，旧洗衣机……”的吆喝声，还是垃圾回收站里堆积成山的废弃纸板、空塑料瓶，抑或是杂乱无章的收废品车在走街串巷间为现代生活平添出的一股市井气？

在一代人记忆的背后，在被大多数人忽略的废物的诞生间，再生资源和循环经济这一超过8000亿元的行业逐渐浮出水面，述说着“变废为宝”的佳话，也完美诠释了“天下熙熙，皆为利来；天下攘攘，皆为利往”的不朽规律。

2019年10月，由中国物资再生协会组织编写的《中国再生资源行业发展报告（2019）》显示，2018年我国废钢铁、废有色金属、废塑料、废轮胎、废纸、废弃电器电子产品、报废机动车、废旧纺织品、废玻璃、废电池十大类别的再生资源回收总量为32218.2亿吨，同比增长14.2%。十大品种再生资源回收总值为8704.6亿，同比增长15.3%。

掘金再生铝产业的宋金林是再生资源行业历经40年变迁的一个缩影，同样也是界首市探索资源循环利用产业、实现绿色崛起的县域经济发展之路的一个样本。

从跑全国、收全国的拾荒者到试图小富即安的废品回收站老板，从再生铝加工到铝工业型材制造，他遍历了再生铝资源的全产业链。

眼下，面对再生铝行业集中度低、行业标准不规范、行业结构亟待调整、产能过剩局面加剧的压力，宋金林并不慌张，而是向着高附加值的铝工业型材进军，进一步扩大企业版图。

跑全国、收全国、卖全国

宋金林经历了行业从“废旧物资”到“再生资源”变迁的全过程。

1977年，与改革开放这个年份相比是不起眼的。更鲜少有人注意到，这一年正是周恩来发表废旧物资工作题词“实行废品收购，变无用为有用，变一用为多用，勤俭节约，变破旧为崭新”20周年。

一个无足轻重的时刻，一个轻易被忽视的行业，正在市场机制逐步引入和放松对经营者限制的情况下，全国上下掀起了一股废旧物资回收的高潮。

此时的宋金林并不知道这个看上去润物细无声的变化会给他今后的人生带来怎样的改变，正如他并不知道一年后的改革开放将会成为中国经济格局变迁的新起点一样。

他只不过是一个16岁辍学在家的落魄少年。

因家中子女多而耕地少，没有地耕的他不得不想着怎么挣钱养活自己和家人。“必须出去闯一闯，否则很可能就会饿死。”

他的家乡界首，是全国最大的废品交易集散地之一，并且当地形成了一支数十万人的拾荒队伍，他们成群结队手摇拨浪鼓，走街串巷收废品，堪称“跑全国、收全国、卖全国”。

跟着这支队伍外出见世界、找出路，对宋金林来说似乎是一种必然。

于是，他自界首出发，一路向北，历经徐州、烟台、远至辽宁丹东，开始了他的拾荒生涯。

这是他人生中第一次长途旅程，长达30多个小时的火车让他出师未捷就已经筋疲力尽。

下火车的那一刻，他便感到天旋地转，陌生的城市、熙攘的人群，而此时背着两个大布袋的他身在何方、将要去往何处？此时，他已不能回头，他用力拍拍自己尚且稚嫩的脸，踏上了未知的路……

起初，从铜、铝这些废弃金属到塑料、纸板，宋金林仿佛一只没头苍蝇，但凡能淘换回来的，绝逃不出他的手掌心。

白天跑遍城市的大街小巷，晚上回到住的地方整理回收的废品，砸扁的砸扁，拆卸的拆卸……如此没有白天黑夜地忙活了十来天，宋金林两个大布袋子就盛满了200斤的废品。

接下来，他背着沉甸甸的“战利品”沿原路返回，送往界首及周边的废品回收站。一趟下来，挣个三四百块钱不在话下。

这对当时的宋金林来说可谓一笔巨款。尝到了甜头之后，哪怕再辛苦，他也甘之如饴。

不仅如此，自称“学问不高、脑子好使”的宋金林在第三次外出的过程中便找到了迅速积累财富的诀窍。

经历了短暂的“大杂烩”之后，他开始集中精力只收购废弃铜、铝，“因为废旧金属的价差高，一市斤可以赚五六块钱”。

不仅如此，在一次前往河北保定的旅程中，他发现当地回收市场主打的毛发同样利润丰厚，收一次毛发净利润可高达50%。“收得多自然就赚得多。”

原来，在平日三五十人的拾荒队伍中，宋金林早已凭借其憨厚、务实的人品“众望所归”。每每大家成群结队外出，都将自己的钱汇集在宋

金林处统一保管。

如此一来，他的口袋里总是有数千元的现金。于是他开始拿着这些钱先去收购毛发、迅速交易，等赚了钱，再将本金归还。

“如何既能保证他们的钱可以随时拿回去回收废品，又能让我的资本始终保持充足？其中的关键在于时间差。”宋金林胜在勤勉，别人来回一趟需一个季度，而他已经可以来回跑五趟了。

就这样，在此后的10多年里，宋金林的足迹踏遍了全国上百座城市，并凭借着勤恳的态度和精明的头脑，成功挑起了养活一家10余口人的重担。

研发先行

成家立业可以说是宋金林人生中的重要转折点。本着照顾家庭的责任，他意识到自己再也不能像过去那般天南地北地奔波，而是要置下一份稳定的家业。

开废品回收站、建废铝冶炼厂……经过多年辗转，宋金林终于决定了进军再生铝的行业。

由废旧铝和废铝合金材料或含铝的废料经重新熔化提炼而得到铝合金或铝金属，再生铝的生产较原铝生产对能源的消耗和对环境的污染大为减少，单位能耗和温室气体排放均不到原铝生产的5%。

不仅如此，再生铝作为一种较为环保节能的铝，在工业制造业中的应用越来越广泛，如建筑铝门窗、高压输配电线、交通运输工具铝结构与零配件、铝制易拉罐等。

在距离界首直线距离约6千米的河南地界租下五六亩地，支起一只锅炉，宋金林的废铝冶炼作坊便红红火火地开张了。这正是安徽省金兰金盈铝业有限公司的前身。

市场对铝制品需求的旺盛，拉动了铝锭价格一路飙升。“当时生产一吨铝锭可赚两三千元。”宋金林说。

与此同时，如宋金林般的小型再生铝厂和小作坊如雨后春笋，在全国遍地开花。

一面是日趋白热化的竞争，一面是品牌意识尚未觉醒，能够在行业内占有一席之地尚如蜀道之难，遑论进入知名品牌汽车零部件生产商的供货商名单之中。

宋金林只好前往江苏、浙江等地，见不着工厂总经理的面，那就泡在工厂的供应科里；一次不行，那就跑十次八次；连看一眼产品都不愿意，那就不要钱白送给他们使用，如果客户满意再下订单。为了让客户看到自己的实力，每到一地，他不得不租最好的车、住最好的宾馆，却每天躲在宾馆里吃泡面……

为了打通下游供货渠道，他坦言当时的自己几乎是卑微到了尘埃里。

但他也意识到，依靠垫资生产、低价竞争终归不是长久之计，唯有提高分选、熔炼等工艺水平，提升产品的质量，才能征服市场。

为此，他一举投入了60万元引入了光谱检测设备，提高分选质量。“这是方圆200千米唯一一台检测设备。”宋金林说。

此外，从研发先行的自主创新理念到规范工厂生产流程的现代化管理手段，宋金林开始按照公司运营的方式经营自己的冶炼厂，一系列改革的成果显著。

他透露，到2005年，产品从铝锭向铝棒、铝线分化，年产值突破亿元大关，年产再生铝制品1万吨。销售方面，也从“求客户”向“挑客户”发生了质的飞跃。

2007年，在界首市招商引资的政策下，宋金林成了“凤还巢”大军中的重要一员。

13亩的工厂占地面积、高达3亿元的项目投资……三军未动、粮草先行。人员、资金、土地各项要素集结完毕，宋金林成功创办了安徽华翼金属集团有限公司，从事废铜、铝、铁等金属回收加工及销售业务。

产品线也扩增至铝合金锭、铝棒、铝板、铝型材、铝制品、漆包圆铝线、铜锭、铜棒、铜排、电机壳、电动工具等28个系列品种。2011年，华翼集团实现销售收入22亿元，税收6200万元，利润6000万元，并成为再生铝安徽省地方标准的制定单位，拥有23项专利，其中发明专利4项，实用新型专利19项。

技术上，宋金林坚持自主研发，采用的是当时处于行业领先水平的低温熔铸再生铝型材生产工艺，可提高资源利用率，达到节能效果。此外，风冷淬火和热处理强化挤压提高了产品质量；自动喷涂可减少资源浪费，提高生产效率，使产品高光泽度；阳极氧化可提高产品的防腐性，延长产品寿命。

品牌化、高档化、科技创新化

从废品回收到建立回收站，再到再生铝加工，宋金林从上游一路追溯而下，历经了铝从垃圾到成品的全生命周期。

2012年，他再度向行业下游延伸，开始探索交通用轻量化铝合金产品和建筑型材。

安徽省金兰金盈铝业有限公司应运而生，拥有国内外十多条先进生产线和多条木纹转印、机械抛光等深加工设备，主要生产高档建筑幕墙、高档建筑型材、装饰系统门窗及散热器、航空、高铁等工业铝型材，年产量达3万吨，产品包括：氟碳喷涂型材、粉末喷涂型材、隔热穿条型材、隔热注胶型材、木纹转印型材、3D立体木纹型材、铝木复合型材等200多个系列1万多个型号。

彼时，汽车轻量化理念在中国起步。密度仅有钢的1/3、机械加工性能是铁的4.5 倍的铝合金在汽车工业领域的运用日益广泛。

面对铝合金市场的重大机遇，宋金林没有理由不参与这场盛宴。以再生铝深加工、高端铝合金生产为主导产业，立足新能源汽车对轻量化材料的现实需求，金兰金盈为江淮、奇瑞、安凯配套生产高强韧性铝合金零部件，建立安徽省车用铝合金及汽车零配件研发生产基地，助力安徽省新能源汽车产业发展和创新应用。

此外，随着我国高速铁路及城市轨道交通建设进入快速成长期，高铁等轨道交通用途的工业铝型材为铝企创造了一个新兴的市场。

因此，他还成功研发了用于高铁、地铁构件生产上的铝基新材料，积累了在车用铝铸件合金构件的生产技术，具备低成本生产高品质铝合金铸件的能力。

为了实现公司“多条腿”走路的目标，宋金林还将建筑型材纳入他的商业版图中。

他表示，建筑业是铝材的三大主要市场之一，世界上铝总产量的20%左右用于建筑业，一些工业发达国家的建筑业，其用铝量已占其总产量的30%以上。

近年来，建筑铝材的产品不断更新，彩色铝板、复合铝板、复合门窗框、铝合金模板等新颖建筑制品的应用逐年增加。中国已在工业与民用建筑中应用铝合金制作屋面、墙面、门窗等，并逐渐扩及内外装饰、施工用模板等，取得了良好效果。

另外，随着政府整顿和规范市场秩序力度的加强和优胜劣汰机制作用的进一步发挥，中国工业铝型材总量快速增长的同时，内部结构也发生了明显的变化，产业开始逐渐走向成熟。国内铝型材生产厂家已从顶峰时期的1200多家减少至700多家，而一大批产品技术水平低、质量差、档次低的小型铝型材加工厂已逐渐被淘汰。

与此同时，大断面、大吨位、技术先进的挤压机开始落户中国，表面处理技术也由以往的色调单一、品种稀少、质量低下，向多色多彩、品种齐全、品质优良的方向发展。

在中国工业铝型材跨越了以数量增长为特征的初级发展阶段，初步进入以提高产品内在质量、丰富产品种类、依靠综合实力参与市场竞争的新阶段时，宋金林开启了他在建筑型材上的新征程。

眼下，作为界首高新区西城科技园的龙头企业和阜阳市铝及铝合金加工的标志性企业，金兰金盈致力于“品牌化、高档化、科技创新化”，年产量达3万吨，产值高达6亿元。

“以规模、技术、品牌、管理和服务为主的企业综合竞争能力日渐重要。未来，我们将继续坚持‘以市场为导向、以科技为依托、以质量增效益’的企业发展理念，向高附加值的再生铝产品转型升级。”他这样总结。

孙峰

安徽省华鑫铅业集团有限公司董事长

循环经济在废与宝、旧与新之间搭起了一个绿色的链条，绿色才是我们的本色。

孙　峰
绿色才是本色

文/刘娜　摄影/姜朝洋

“丁零零”……监控二氧化硫排放量的警报声响了，三分钟后，环保部门的问询电话直接打给了孙峰，如往常一样，接到电话后，他迅速联系相关部门负责人，让人立即着手处理。通常，处理期限只有短短三小时，不然，第二个问询电话将如期而至。

“太严格了”，尽管在再生铅回收加工行业已经深耕了20多年，安徽省华鑫铅业集团有限公司董事长孙峰依然感慨为了“绿水青山”，环保攻坚战已经到了拼杀阶段。

每天，他的办公室仿佛一个热闹的市场，除了单位的工作人员，很多产业链上企业的相关人员也在他的办公室来来往往。“常态，常态”，作为见证了界首田营科技园成长的元老，孙峰不仅是上下游企业的合作伙伴，还是他们心中的大智囊，他们遇到难事、碰到坎儿，总是习惯来“叨扰”他，而他，也总是欣然接待。

从信贷员到“铅贩子”

从小孙到老孙，孙峰在再生铅加工冶炼行业摸爬滚打了20多年。

孙峰是田营最早跟废旧电瓶打交道的人之一，他十几岁就开始收电瓶炼铅。从最初的一口大铁锅到如今自主研发全国领先的炼铅炉，炼铅设备的升级、环保要求的提升，无一不要求企业不断进行自我革新。

与此同时，华鑫铅业所在的界首市田营科技园，也从原本只有华鑫一家单打独斗，到如今吸引了上下游产业链上的龙头企业纷纷入驻，孙峰也见证了园区内产业的循环生态链被一节节打通。

大红盆烧制，这在界首市田营镇是个有着上千年历史的手艺。北方人爱吃面食，在20世纪七八十年代以前，中原地区几乎家家户户都有一个陶土烧制的大红盆用来和面，而用来给盆上釉的主要原料就是四氧化三铅，这是铅的一种化合物。

“四氧化三铅均匀附着在陶盆的内里，经过入窑烧制，就变成了大红盆”，孙峰说，在今天的田营镇李能村一带，历史上许多村民以烧制大红盆为生，史称“十三窑”。所谓的“十三窑”其实是以姓氏笔画命名的13个村庄，每个村庄大小不一，都有20—30个窑，每一窑可以烧制红盆2000—3000个，据估算一窑的用铅量在100公斤左右，用铅量挺大。

因此，炼铅也成为当地一个很重要的行当。

1978年，刚考上高中的孙峰为了贴补生活，也在课余时间四处回收一些废旧电池来自己炼铅。“那时候炼铅很粗放的，”他回忆道，最初老百姓用铅矿石炼，“铅放到锅里，底下用煤一烧，有300多摄氏度它就熔化了，熔化后都成粉了。”

到了20世纪60年代末，田营人找到了炼铅的新材料——废弃的电

瓶，因为电瓶中含有大量的铅。“外面叫田营人‘铅贩子’”，孙峰也通过回收废旧电瓶来炼铅，再把炼好的铅卖给电池企业。

高中毕业，孙峰顺利进入了农村信用社，成了一名信贷员。尽管是份“正式工作”，但月收入只有20多元，而且在那个年代，他还可以一边上班一边做点小生意，最后，炼铅这事也就被他坚持了下来，直到1996年。

当时，孙峰所在信用社的一位老主任退休，想提拔他，但他一直都对朝九晚五的工作不感兴趣，这个升职的机会恰好成了他决心辞职的导火索。

早在1994年，孙峰就投资了一台先进的反射炉炼铅，辞职后，他全身心地投入炼铅行业，准备大展拳脚。

“单打独斗很难做大，我和几个同行商量着准备绑在一起干”，孙峰的想法刚好与界首市委、市政府的想法不谋而合。

早期炼铅，冶炼工艺落后，在熔炼过程中会产生二氧化硫、铅尘、铅烟等有害物质，污染环境。当时，当地有几万个家庭以炼铅为业，如果一味地打压，不但起不到很好的效果，“小散乱污”现象也可能会更加突出和严重。拆还是留成为当时界首市委、市政府要做的一道选择题。

“既要金山银山，又要绿水青山”，孙峰回忆道，当时市委、市政府作出了这样的决定后，就开始整合资源，筹建工业园区，统一规划管理。

田营镇东南2千米处，有一个陶庄湖，过去那里人烟稀少。界首市委、市政府决定，把年产2000吨以上的11家再生铅加工企业，从村内统一搬迁到那里实行集中管理、集中治污。

1998年，孙峰与五位同行联合成立了一家公司，成为第一个入驻园区的企业。2003年，分散在园区的12家再生铅企业组成了大的集团公司，华鑫铅业正式成立。到了2007年，又有5家公司加入进来，华鑫成为园区的龙头支柱企业之一。2010年时，华鑫已带动了周边几个乡镇的就业，“几乎覆盖了半个界首”。如今回忆起来，孙峰也难掩自豪，“作为一家本地企业，真正做到了带动一帮人、致富一帮人”。

很长一段时间，每天早上，华鑫铅业厂区外就会有运输车排起长龙，几十辆装着废旧蓄电池的大货车等着卸货。从废旧蓄电池回收到冶炼再到精加工，华鑫逐步完善着自己的产业链。

很多人想不到，“我们生产了园区第一块蓄电池极板”。孙峰表示，再生铅最大的来源是蓄电池，回收加工后最大的去向也是蓄电池，因此，除了炼铅，华鑫也曾做过多元化的尝试，其中就包括生产蓄电池极板。

现在回过头看，孙峰觉得多元化只能说在当时是一种合适的发展模式，专业化才是长久之计。加之2007年爆发的全球金融危机，让华鑫一年赔了7000多万元，孙峰索性“收了大摊子”，回归老本行，专心炼铅。

在他看来，专业的人做专业的事，“在当时公司的几大板块中，我最懂的还是炼铅，那就专心炼铅”。

2015年，华鑫经历了一次股份制改造，原本近20位股东最后仅留

下8位，“每个人想法不同，当时有些股东年纪大了，干累了，也有的干这行干腻了，各种各样的原因吧”。孙峰说，以前，华鑫表面上看是个大集团，其实内在非常分散，每个股东的公司都独立核算，各干各的，最后汇总在一起，但每个子公司的实际情况如何，非常不透明。

他也坦言，经过股改，本身就是重资产投入的华鑫资金压力更大了，无论是设备研发还是技术改造，都是重大的考验。孙峰却认为，这样的考验是值得的，因为股改之后的华鑫成了一家股份制企业，“从一个多头掌权的集团变成了更现代化、更适合新时期市场竞争发展规律的独立企业”。

“进来一块旧电池，出去一块新电池”

华鑫的拆解车间，就像一个蓄电池博物馆。

叉车用的电池、半挂大货车用的电池、风景区观光车用的电池、家用小汽车的电池、电脑的电池、UPS（不间断电源）的后备电源……各种型号的废旧蓄电池堆积成山，颇为壮观。

“在华鑫铅业，蓄电池的拆解已全部实现了自动化”，孙峰介绍道，蓄电池主要由铅、酸、铅膏、隔板纸和塑料外壳组成，经过流水线自动拆解，蓄电池的五种主要材料将被自动剥离分类，剥离后的材料各得其所，由此开始了循环利用的历程。“现在废电池进来以后，我们的回收利用率能达到98%以上”，他表示，如此高的回收利用率主要依托的就是技术提升和设备升级。

早在2012年，华鑫就开始了第一次技改，新生产线、新工艺、新式熔炼炉……“华鑫是第一个吃螃蟹的人”，孙峰说，华鑫的技改既是自我求变，也是适应愈加严格的环保要求。

通过技改，华鑫的设备在提升产量的同时，减少了排放，“既争取了金山银山，也保住了绿水青山”，孙峰说。

技改一直在路上。2013年，华鑫开始自主研发熔炼炉。“进口设备太贵，国产设备不是特别符合我们的要求”，孙峰索性与设备生产厂家定制并联合研发。2015年9月，历时一年半的联合研发，设备正式投入使用，成为当时全国领先的再生铅熔炼炉。

“先进就体现在环保上。”在孙峰和华鑫的坚持下，这台熔炼炉禁止燃煤，完全烧天然气，尽管每吨成本近千元，比燃煤高了四成，但其

熔炼过程几乎不产生废物，燃烧率高，干净清洁。

如此重视环保，不仅仅是因为史上最严环保法的出台，更是孙峰从业20多年的亲身体验。

2005年，华鑫被举报排污超标。“举报信说华鑫排放的酸液到处流，铅尘遮蔽了天，田营周边的鸭子倒着走，鸡也不下蛋了”，回忆起来，孙峰仍觉得非常荒谬。当时，这事闹得沸沸扬扬，惊动了新华社的记者。

听说调查此事的新华社记者到了当地，孙峰主动联系上他们，领着两位记者走街串巷四处查看，还开放生产线，让他们随意调查，五天时间，事实胜于雄辩，孙峰用公开透明的方式粉碎了谣言。

这件事也让他心中的环保警钟长鸣。在此之后，华鑫一直与设备生产厂家共同研发熔炼炉，力争做到最大燃烧、最少排放。“目前厂区内最大的燃气单体炉占地面积就有18平方米，加上制氧等其他设备，这台熔炼炉的投资就有1.5亿元。”作为一家传统制造业企业，孙峰不仅不因循守旧，还特别重视科技研发。

“华鑫员工不到千人，却拥有一个专注研发的博士工作站”，孙峰表示，这在同行中并不多见。2018年，华鑫与安徽建筑大学、安徽长之源环境工程有限公司共同完成的“废锂离子电池及铅酸电池高值组分资源化分离与再生技术集成”项目，荣获2018年度安徽省科学技术奖科技进步二等奖。

孙峰介绍，这台目前业内领先的熔炼炉，理论上满产状态的产值可达35万吨，不过这两年因为排放指标有限，“厂区的几台熔炼炉不能都点，只点这一台，产值每年只有12万吨”，这也间接影响了华鑫这几年的收入。

据他透露，2019年，华鑫的销售额预计可达20亿元，而早在2014年，华鑫的年销售额就超过了90亿元。

“华鑫正处在一个非常关键的转折时期”，在孙峰看来，目前一时的降速、减产是为了今后更好的良性发展，而这一行业的机遇也正在到来。

孙峰透露，华鑫85%的原料来源于废旧铅酸电池，仅15%来源于铅块废料，可见，废旧电池的回收环节至关重要。

近几年，国内再生铅行业正在低调又快速地发展，其产业规模已十分庞大，而且还有多家公司正在积极加码发展再生铅业务。

由于国内再生铅产业结构优化进程不断推进与环保督查的施压，国内“三无”再生铅炼厂在夹缝中生存。非持证企业的不断减少给持证且具有一定生产规模的企业带来部分再生铅供应的空缺和更多的原料货源，这些企业的再生铅新建扩建计划随之增加，从而促进了再生铅产量整体上升。

“安徽的管理办法在全国走在前列，政府会走进企业征求管理意见。”孙峰坦言，小作坊无法排除，就拿电动车来说，维修点分散，每个店都可能回收几十块甚至上百块电池，大企业因为成本问题，不会走街串巷收，所以小商小贩在短期内仍然存在，无法取缔。因此，他建议加强废旧电池运输和存储的管理，比如设立废旧电池集中回收点临时存储，定期往华鑫这样有资质的企业运送。

有数据显示，我国每年约产生废旧铅酸电池1000万吨，据此可以逆推出企业再生铅的产量。废旧蓄电池剥离出来的材料会成为再生资源，“拆解出来的铅将被重新熔化冶炼成还原铅”，孙峰说，目前市场对铅的需求量非常大。

“园区内就要消耗掉华鑫几乎所有的产能，还供不应求。”华鑫所在的田营科技园正是一个循环经济产业园区，孙峰的客户都在“家门口”。

例如，园区内的天能电池集团安徽有限公司是中国新能源电池行业的龙头企业，以制造电动车环保动力电池为主。华鑫生产的一部分再生铅被送到了这里，重新制造蓄电池。

“用个小叉车就能解决运输问题，几乎零成本”，孙峰介绍道，天能

电池总部在浙江，以前需要到这里拉再生铅，由于田营科技园成熟的再生铅循环经济产业链，2010年，集团在这里成立了安徽分公司，单单铅一项就大大节约了运输时间和运输成本。

一般来说，铅从进电池企业到出厂，要12天左右，加上华鑫的回收环节大约3天。“一个废旧蓄电池来到田营园区，只要15天，就可以华丽转身变成一个新电池”，孙峰说，这还是一个无限循环的过程，在这里生产的蓄电池，使用后还可以重新回到这里反复循环生产，“循环经济在废与宝、旧与新之间搭起了一个绿色的链条，绿色才是我们的本色”。

徐邦杰

界首市芬格欣药业集团董事长

七十岁的年龄，五十岁的状态。

徐邦杰
坚韧与重生

文/杨蕊 摄影/徐璐

王石在评价褚时健时说，在人生最低谷的时候，他的反弹力是巨大的，是无与伦比的，这种反弹力，甚至超越了年龄。而褚时健自己说，我不期望别人在说起我的人生时有多少褒扬，我只希望人家说起我时，会说上一句：“褚时健这个人，还是做了一些事的。”

在界首，徐邦杰也像商界“不老松”一样存在；而放眼安徽乃至全国，芬格欣更是畅销30余年的“常青树”。

向肥胖宣战

2019年11月23日，中央广播电视总台央视新闻频道《新闻调查》播出《向“肥胖”宣战》专题节目，明确指出中国已经成为全球肥胖人口最多的国家，肥胖已经成为困扰国人健康的最大问题。“本想一口一口吃掉忧愁，不承想一胖毁所有；越胖，越觉得自己离死亡更近一步”，节目当中因为饱受肥胖困扰的案例触目惊心。

“肥胖，已经成为我们的万病之源！”徐邦杰激动地说。

对于肥胖，徐邦杰十分推崇科学的研究理论与减肥方法。“当前社会上流行的饥饿疗法、运动疗法”等都不够合理，因为过度减肥在伤害身体的同时也存在反弹的弊端。

70岁的徐邦杰并不担忧自己的身体，数十年来坚持服用自己公司生产的产品，他自称体内环境得到了最佳状态的调节——“70岁的年龄，50岁的状态”。

对自己的产品，徐邦杰不喜欢引述《产品说明》和《检测报告》中的林林总总，他认为自己就是最好的代言人。

如今的芬格欣厂区，像一位饱经沧桑的老者，凝望着界首工业经济30年的沧桑巨变，也像一个脱胎换骨的婴儿，酝酿着全民大健康战略中的新生涅槃。

徐邦杰每天都会按时到办公室上班，多年来他保持着良好的作息习惯，严于律己。在他看来，芬格欣生物医药和芬格欣食品两大主要板块，虽然在各自领域都已经走上平稳发展的轨道，但关乎健康的事业就是容不得一丝懈怠和马虎。

《向“肥胖”宣战》令他感到心潮澎湃，在他看来，这是从国家层面和民生诉求方面对他前瞻性眼光的印证，也似乎预示着他跌宕起伏的人生，又要开启新的篇章。

如今的芬格欣，依旧在保健食品市场享有忠实拥趸，占据着较大市

场分额。同时，还生产销售“克乏”胶囊、“希因”生物护肤系列产品、“凤巢安”生物饮品、“好眠绵”植物饮品，以及在全国春秋两季糖酒会上受到青睐的纯脂、代脂巧克力食品。

多年来，徐邦杰都保持着收集和留存重要档案、文件、剪报的习惯，这些被精心封存的文件当中，有他快意人生的完整踪迹，也是界首工业发展30年历史的珍贵记忆。

最新的一份档案，是2019年3月29日签发的《芬格欣瘦能靓™植物饮品检验检测报告》，这就是他即将投放市场的、助力国人向肥胖宣战的“武器”。

“人造肉”

徐邦杰商海激荡40年，三个产品可以概括为：“人造肉”、芬格欣、瘦能靓。

1968年，高中辍学后的徐邦杰响应上山下乡政策下放到农村。在徐邦杰的表述里，因为没有资源没有资本，他在农村扎根十年找不到出路，一个胸怀抱负的年轻人几乎看不到人生的曙光。

党的十一届三中全会之后恢复高考，已经成家的徐邦杰无奈放弃了他原本期待已久的机会。徐邦杰的父亲从15岁开始便经营茶庄，是当地远近闻名的内行里手。徐父告诉刚刚归来的徐邦杰，先跟着他做茶叶摸摸生意门道。

当时，徐家的茶庄从六安、歙县等地购买茶坯，然后在自家进行炒制，现炒现卖，在当地享有极高的口碑。

一年之后，在徐邦杰打理下的茶庄已经赚得了可观的利润，生活不成问题。徐父告诉他，不要再跟着他做个体户了，要走出去，闯一条新路出来。徐邦杰便“冒失”地到当时的界首县界首镇工业办公室找工作，得到的答复却是没有任何岗位能够提供给他。

徐邦杰意识到当时工业经济百废待兴，必须靠自己钻研找出路。

无意中接触到的“人造肉”，给他的人生竟带来了意想不到的转机。

为了求证“人造肉”的真实性和实用性，他查阅了1981年《长春科技报》四版关于“植物蛋白肉”即“人造肉”的报道，徐邦杰陷入了深思中。

面对以抵货款的形式从长春运回界首的100多箱“人造肉”，领导大发雷霆，徐邦杰却不这样想，他自己雇了一辆三轮车拉走10箱，在自家茶庄门口手写一块“人造肉”的牌子就开始大声叫卖，没想到两天就卖完了。他一鼓作气把100多箱全部拉走，2角钱一袋，不出一周时间便全部售罄。徐邦杰敏锐嗅到了其中的商机，便找到当时界首县领导商谈，拿着父亲资助的500元采购资金，从蚌埠上了火车，硬是一路站到了长春。

在当时，“人造肉”是个新鲜事物，徐邦杰得不到资金上的支持，就自己贷款1万元，加上员工集资，成立界首县副食品加工厂，算是扯起了创业的大旗。

1982年1月起，经过60个日夜试产的“人造肉”成功，界首县副食品加工厂生意兴隆的同时，也引来了眼红之人的恶意竞争。徐邦杰当即决

定另辟蹊径，创办界首县锦华食品厂，后来却因为内部分歧无奈出走。

“界首县友谊食品厂、安徽省食品发酵研究所试验厂、安徽省营养食品厂、安徽省芬格欣发展公司、安徽省芬格欣药业集团公司、安徽省芬格欣生物药业有限公司、安徽省芬格欣食品有限公司”，这些企业名称，都是徐邦杰一生创业历程的缩影，也让他在35年的经商历程中尝尽苦甜。

布衣雄世

1992年6月，谈家桢院士作为鉴定委员会主任到访安徽，在稻香楼宾馆主持芬格欣产品鉴定会。

通过这次鉴定会，专家组肯定了芬格欣的研究成果，为产品投向市场进行了审慎的科学鉴定和信用背书。

同年11月，在南京金陵饭店举办芬格欣新闻发布会，正式宣布投产。

从界首一介布衣，到将专家组肯定的研究成果投入生产，徐邦杰正式开启了一生中足以为人拍手称道的巅峰时刻。

在此之前，芬格欣已经在科研阶段走过了漫长的道路。

20世纪80年代初，在中国现代遗传学奠基人、中国科学院院士、复旦大学副校长谈家桢的主持下，筹备组建了国内校园内的第一座“生命科学学院”，来自不同课题组的专家成立“FE（复旦酶）”课题组，运用生物技术手段从微生物当中提取具有生物活性的酶。历经十个春秋，“FE”课题组的成果完成无毒性、无副作用安全检测，并迅速转入临床试用，目标致力于当时因为国家建设快速崛起而饱受尘肺、矽肺困扰的病患者。

到20世纪80年代中期，中国食品工业协会和安徽省政府共同投资，在界首成立了安徽芬格欣生物药业有限公司，并作为复旦大学生命科学学院的科研中试基地。

1990年，以“FE”为主导，配以刺梨等十余种野生植物提取液合成了芬格欣口服液。

“天然植物的加入保证了‘FE’的高活性、营养均衡、稳定性，同时也提升了适口性”，徐邦杰说，他们满怀信心等待了两年，终于完成了临床试验。

1993年，芬格欣率先在马鞍山、宣城、芜湖等地投放市场，一时间引发万人抢购热潮。此后十余年，芬格欣风靡全国，代理商踊跃加盟，跻身“首批中成药国有企业50强”和“国家级高新技术企业”，创造了界首工业企业的一段传奇。

一时间各种荣誉扑面而来，1994年，历经三次创业的徐邦杰在北京人民大会堂参加由全国人大环资委、国务院环境保护委员会、中国科学院、中国工程院和中央电视台主办的我国环境健康领域的非官方最高级别会议，并被授予“中华绿色科技金奖”，走上了人生的顶峰。

快意人生

1996年，因为徐邦杰出现重大决策失误，对芬格欣产生了重大影响。

2006年，喘息了近十年后的芬格欣，破产重组。

“芬格欣不能垮！”

对徐邦杰来说，芬格欣如同自己的孩子，没有哪个父亲能忍心接受这样的事实。

为此，他奔走呼告，只为挽救芬格欣于生死存亡之中。

徐邦杰的“退意”萌生于2015年，然而就在这个当口，他却迎来了“能够让自己为之继续奋斗终生”的机遇。

由于数十年来与谈家桢院士创办的复旦大学生命科学学院保持着密切合作，在一次偶然的拜会中，他接触到上海市医药工业研究院的最新研究成果。

“已经启动了七年的研究，目前因为经费短缺面临停滞，估计再有三年时间，这个成果就可以正式面市了。”上海医研院的王工无意中向徐邦杰吐露了关于“瘦能靓”成果雏形的消息。

听罢，徐邦杰毫不迟疑，“把这个成果交给我，我来支持，我来生产！”

也许是觉得力度还不够，徐邦杰向王工发出了聘书，“辞职，跟我到界首，全面负责这个项目！”

“不要认为是我的一时冲动。”徐邦杰强调自己的决策意图。

“我搞了一辈子的科研成果转化，我对这些科研项目十分谨慎！”盛情难却，加上徐邦杰对该项目的执着令人信服，如今王工已经是芬格欣的常务副总，在界首这个与中国生命健康事业结缘30年的地方，他完成了“瘦能靓”的研发。

2019年，经过三年筹备的“瘦能靓”正式投产。

“我就是‘瘦能靓’产品的第一个人体实验对象，只要解决了我这样的70岁人的问题，还有什么问题是不能解决的？”在对待产品功效这件事上，“快意”的徐邦杰总是先拿自己开刀。

芬格欣紧跟时代潮流，通过专业电商团队的运营，全系列的芬格欣产品在淘宝、京东、天猫全网平台都有销售。对于未来发展布局，徐

邦杰显得风轻云淡，30多年的创业历程让他始终深信一点，就是产品为王。

如今他对自己的人生状态十分满意；对人生里那些无法言说的境遇淡泊身后；对35年商场的跌宕起伏无愧于心。他是养城企业界的“不老松”，更希望“芬格欣”这棵“常青树”，硕果常丰。

杨新明

天能电池集团（安徽）有限公司常务副总经理

企业用人长是利用，用人短才是培养。

天能
TIAN

杨新明
看准人　用对人

文/刘娜　摄影/姜朝洋

2019年11月6日，北京，一批中法合作项目在两国元首的见证下达成合作。在涵盖了能源、电力、航空、金融等领域的九家中国企业中，八家企业是央企和大型地方国资企业，只有天能集团一家为民营企业。

很快，天能集团将与法国道达尔旗下的帅福得集团成立合资公司，为全球消费者提供动力和储能领域的清洁能源系统解决方案，共同为减少全球温室气体排放作出贡献。一家是中国深耕动力电池领域30多年的行业冠军，一家是在国际上有着领先技术的新能源电池公司，此番强强联手，是中法两国在新能源领域经贸合作的一项新成果。

捷报传来，杨新明觉得肩上的担子更重了，在他掌舵的天能电池集团（安徽）有限公司，2019年在技术改造和智能制造上持续发力，耗资1.7亿元的三条新生产线代表了国际先进水平，2019年前三季度纳税额就达到3.46亿元，在为集团贡献力量的同时，也成为当地经济社会发展的引擎。

"用人之短"

"这个极板要从这边轻放下去""胶点一定要均匀"……走在流水线上，杨新明"左顾右盼"，不时纠正指点工人的操作。与很多管理者不同，铅酸电池生产的每一个环节和流程，他都会做，并烂熟于心。

杨新明是天能集团十大生产基地中唯一一位技术型的负责人。

在那个工作包分配的年代，电化学专业毕业的杨新明被分配到了一家生产矿灯的央企，负责技术质量。2003年，他放弃了"铁饭碗"，加盟天能。短短100天，因为在质量管理上的亮眼成绩，他直接被调去了技术部门。

2003—2008年，在杨新明坐镇的五年中，天能集团技术部门没有流失一个技术人员，特别是在2005年天能决定走出浙江时，他所在的技术部门还为天能在全国的布局输送了大量的技术骨干甚至分公司"一把手"。

培养人才，杨新明是有发言权的。

"会想、会说、会做、会写、会管、会叫卖"，在每一个部门、每一个岗位上都能干得风生水起，杨新明用"用心"来总结，而结合自己的经验，他认为"六会"中能做到四个已经可以称为人才，"六个都能做到的人非常少"。

比照"六会"，每个人一定是有长有短，杨新明用人时喜欢"用短"，因为他认为，"企业用人长是利用，用人短才是培养"。

"用人之短，将短补长，这样就能向全才的目标努力。"尽管有风

险、会失败，但在他看来，这种“补短板”一旦成功，就创造了一个全面的人才，“制造人比制造产品更重要”。

在杨新明的生产基地中，设备经理往往还兼任车间主任。“尽责不分部门，追责追到部门”，他认为，过程在某种程度上决定了结果，所以，“管生产的人必须管质量，质量不好的时候找技术，这种统筹兼顾的效果是很好的”。

针对不同岗位的人，杨新明也有一套自己的用人标准。“我要求管理者能想好未来，而操作工做好当下。”对中高层管理者，他要求会管会

做，会做优先；对一线操作工，他要求会做就行。

“企业究竟需要什么样的管理层？现在这个时代，要的是懂数据的经营管理者。”杨新明认为，“领导”就要能带领人、引导人。具体来说，一个合格的领导要做到三点。

首先是做好策划。“为企业设定目标，这是个总基调。”比如杨新明就为界首基地定下了2020年产值达百亿元，税收达6亿元的小目标。

其次是做好组织。杨新明特别强调，这个“组织”既是动词也是名词，“哪些人在一起可以达到1+1>2的效果，哪些人用其长，哪些人用其短，这都需要一个领导统筹协调”。

再次是做好氛围。守时守规矩，这是责任心的体现，“能者上、庸者下”，杨新明努力搭建着一个公平公正公开的企业环境。

“总之，就是要做到领导认可、客户认可、同行认可”，他为企业的管理者定下了工作“守则”。

除了提要求，杨新明深知培养人才绝不仅仅是条条框框的规制，更深层次的应该是员工对企业的归属感和认同感。

一天，杨新明在新闻上看到驻港部队市民开放日，灵感突现，他决定在企业中试行家属开放日，“让员工的直系亲属来企业，看看自己的儿女、配偶、父母都在做些什么，得到了怎样的成长”。

家属开放日那天，企业会把各种岗位之星和技术能手的照片张贴出来，让家属参观。在杨新明看来，员工的家属看到这些，能了解自己的亲人在天能的工作情况，连带着也会对企业产生认同感，员工自己也能得到激励。“特别是有的员工上榜了，有的没上榜，他们之间也会产生相互作用，激励自己明年更努力，争取上榜。”

家属开放日活动已经连续举办了两年，这种让企业发展“获得整个家庭支持的机会，是花钱也买不来的”，杨新明的创意现在已经在天能集团总部和各个生产基地推广开来。

除此之外，杨新明还采用报销学费的方式实实在在地鼓励员工继续深造。不仅是员工本人，如果员工的子女考取了本科以上院校，他还会发放一笔特殊的“奖学金”。

“在云上学报到前，我们就会发放这笔奖学金，这可能是他们人生中的第一笔奖学金，一定记忆深刻。”杨新明还会专门举行奖学金发放仪式，“他们是种子，是天能员工的孩子，是天能的种子”。

通过这一系列举措，杨新明在界首从技术到质量、从生产到全面负责，在抢抓生产的同时，也打造了独特的企业文化，改变了员工的心态，造富、造福一方。

首先，杨新明要让每一个员工都有存在感，都是个“角色”，“良好的学习氛围和学习团队的打造，使员工在增加知识和才干的同时，也创造了财富”；其次是让员工成为天能品牌的传播者，将天能的奋斗者文化和规范化深深刻在骨子里；最后是让员工有成就感和获得感，将企业的认可以一种仪式感给到员工。

2019年“五一”前，天能电池集团（安徽）有限公司研发中心实验室荣获中华全国总工会2019年“全国工人先锋号”称号，这是企业的高光时刻，也是杨新明的荣誉。

“企业是一个平台，人人都是一分子。”杨新明做的是改变员工的观念和心态，进而更好地让企业实现本地化。“目前，界首基地全厂3100多人，大家都在‘幸福天能’的目标中，践行着对美好生活的向往和追求。”

资源循环是最好的发展

杨新明对员工的培养透露出浓浓的“循环”意味，这与他从事的行业有点不谋而合。

“发展是根本、循环是生命”，这是天能集团所在的界首田营园区一直秉持的理念，也是天能集团选择在此建设生产基地的重要原因。正因为田营的诸多优势，发展循环经济可以很好地将发展经济与保持环境实现有效长期共赢，这与本着“绿色能源、驱动世界”的天能集团的发展使命和奋斗目标是高度一致的。

不过，天能集团落户界首的过程有些曲折。“界首三任领导跑了五年”，尽管没有直接参与最初的选址工作，但身为天能集团的“老人”，杨新明还是见证了这段“姻缘”的缔结。

一方面，对于天能集团，界首是求贤若渴的。

始建于1986年的天能集团地处苏浙皖三省交界地带的“中国绿色动力能源中心”——浙江长兴，30多年来，专业从事铅酸、镍氢及锂离子等新型动力电池、电动车用电子仪器及风能太阳能储能电池的研发、制造和销售，是国内最大的电动车用蓄电池制造商之一。2007年6月11日，天能动力在中国香港主板成功上市，成为 “中国动力电池第一股”。

行业地位毋庸置疑，而最让界首心动的是天能在废旧电池回收上的探索。

为了改变蓄电池行业长期存在的高污染局面，天能在行业内发起变革，率先建设循环经济产业园，打造集“电池制造—回收—再生—制造”于一体的闭环产业链，不仅实现了工业污水零排放，还将铅回收率提高至99.9%以上，成为世界先进的废旧电池无害化回收基地和再生铅示范工程，为行业树立了标杆。

另一方面，界首本身的硬件条件和诚意，最终打动了天能。

自2005年建园以来，田营科技园以再生铅为主导产业，实现了超常规、跨越式、可循环、可持续发展，先后被批准为全国循环经济试点园区、国家“城市矿产”示范基地、全国涉重金属类危险固废集中处置利用基地、全国发展循环经济先进单位。

“地方定位决定了今天的发展方向。”杨新明于2013年受命到安徽，来到界首基地，他就感到这里的营商环境不仅体现在园区硬件上，更体现在界首市委、市政府的政策支持上。

原本，田营园区有许多大大小小的电池企业，天能是通过逐步收购整合才有了今天对园区发展的强大助推力。

2010年9月，天能集团全资子公司——天能电池集团（安徽）有限公司正式成立，并以一期、二期的步骤成功收购了园区的海能电源和超霸电源公司，在工业园区成功驻扎。

“规模小、产能小。”基于当时园区企业的情况，作为重点招商对象入驻园区的天能拿出了整合资源的方案。杨新明认为，这是将园区整体实力拉动起来最好最快的方法，天能也因此成了田营最早的一批拓荒者。

现在，田营园区产业链完整，上下游企业在一起交流，相互扶持，“产业链之所以叫链，一定是上下一整条，产业链长的优势显然能增加竞争力，提高产品附加值”。杨新明觉得只有产业链健康运转，整个园区良性发展，园区内的企业也才会有更好更大的发展空间和机会，“链的增长很重要，全国各种园区，产业链做得像界首这么好的并不多见”。

2019年，是天能在界首基地投入最多的一年。

“前几年都还算是摸索阶段”，税收，是杨新明非常看重的指标，这意味着一家企业对当地的贡献度。2014年，天能界首基地的税收是3400万元，而2019年前三季度就达到了3.46亿元，“这样的成绩完全是技术升级的成果”。

杨新明介绍道，随着技术不断革新和环保需求的持续升级，天能一直在技术改造和智能制造上下功夫。“2019年，我们在三期一口气上了具有国际先进水平的三条生产线，虽然花费了1.7亿元，但2019年前三季度创造了2640万元的税收”，在他看来，这种动真格地砸下真金白银，是天能和界首最好的合作方式。

杨新明口中的“三期”指的是2018年11月28日正式投产的安徽轰达电源有限公司，在这个项目中，自动化装备升级和节能降耗减排双管齐下，投产当年的税收就达到了900多万元，他颇感自豪。

谈及企业发展，杨新明认为与整个产业的发展是分不开的，“天能是铅酸电池行业的一分子，说不受行业整体影响是不可能的”。

近年来，虽然锂电对铅酸电池产生了不小的冲击，但在杨新明看来，因为性价比高、容量大、功率高、寿命长、安全可靠、工艺成熟及可循环再生利用的特性，铅酸电池在一些情况下无可替代，所以“铅酸电池在一定时间内还会存在，仍是市场主流”，他给出了自己的判断。

“环保严格，从企业长远来说，是件好事”，杨新明坦言，铅酸电池在铅酸生产和回收处理两个环节可能产生污染，但只要回收处理和运输合规，铅酸电池循环链就是完善安全的。

而企业要合规，必须节能减排，提高利用率，这就要求企业必须进行技术改革，国家的政策在某种程度上倒逼了企业自我革新升级。杨新明透露，铅酸电池行业的标准在不断更新，作为密封动力电池的强国，有数据显示，中国铅酸蓄电池产量占全球的比重达到45%左右，同时，中国的技术也是领先全球的。

在政策的推动下，企业间的竞争也是重要的驱动力。

“除了铅酸电池企业之间的竞争，我们还面对着锂电企业的挑战”，杨新明表示，铅酸电池在提高自己硬实力的同时，也在向更多的应用场景和领域拓展，“割草机、观光电动车、UPS电源的备用电池……这都是已经使用的场景”。

当下，市场对产品能否存活发展有着很高的话语权。2019年8月14日，国家发改委就《铅蓄电池回收利用管理暂行办法》草案公开征求意见。意见稿指出，国家实行铅蓄电池回收目标责任制，制定发布铅蓄电池规范回收率目标。到2025年底，规范回收率要达到60%以上。

“你问什么是清洁能源？少耗资源就是最清洁的。”从技术的层面看，锂电池有着自己的优势和强项，但“如果完全用锂电池替代铅酸电池，绿水青山保不住”，杨新明坚信，能让资源循环起来才是最好的发展。

尹德营

安徽得赢新材料科技有限公司董事长

时不我待，我们最大的敌人是时间。

尹德营
赢得未来

文/孙丰文 摄影/徐璐

当废弃的电视机、手机、锂电池等堆积在我们周围时，我们可能无法想象这里面蕴藏着一座资源优良的“矿山”。

这些在别人眼里是废品，但在安徽得赢新材料科技有限公司总经理尹德营眼里都是宝。

“城市矿产越来越多，只要把这些废旧用品资源化，就能变废为宝，比如家用电器，蕴藏着丰富的铜、铝、金、镍、钴等金属，都可以回收再利用；两个矿泉水瓶就可以做成一件衣服，还有其他的塑料废品可以做成地下管道；等等，城市矿产行业价值高达上万亿元。”尹德营正是在这个领域精耕细作的城市矿产“掘金者”。

2019年12月21日，中国界首废旧电子产品交易平台正式启动运营，平台由安徽得赢新材料科技有限公司总经理尹德营和深圳淘绿网总裁卢海滨联合创办。

为做大废旧电子产品市场交易平台，形成集散效应，实现回收、运输、质检、分拣、仓管、拆解、销售等一条龙产业体系，平台利用阜阳界首高新区西城科技园国家级再生资源交易中心这一优势，与来自深圳的多家实力雄厚的采购商达成战略合作关系，充分运用数字化、智能化手段改造组织方式、业务流程、交易模式，为产业发展和市场的活跃赋能加力，致力于打造中原经济区最大的废旧电子产品绿色回收平台。

界首是全国知名的“城市矿产”示范基地，方圆500千米分布着大量以废旧物品回收交易为主的从业者和经纪人，足迹遍布全国，其中二手手机收集量逐年上升，总量超过1亿部。

安徽得赢新材料科技有限公司正是一家致力于废旧手机绿色回收深加工的专业公司，公司奉行“惟其专业、方显卓越”的企业精神，独创了“云再生”回收平台，已经成为全国规模最大、档次最高、主业突出的废旧手机绿色回收利用示范基地。

入行：“废弃物是放错地方的资源”

我国经济高速发展的同时，对资源也有着巨大依赖。英国石油公司（BP）发布的世界能源统计年鉴（2019年版）显示，2018年，中国仍然是世界上最大的能源消费国，占全球能源消费量的24%。

“地底下的矿产资源终究是有限的，而且不断挖掘开采还会破坏生态环境。而城镇化进程中产生的城市矿产，比如蕴藏于废旧机电设备、汽车、塑料包装物中的钢铁、有色金属、塑料等资源，如能有效利

用，可替代原生矿产资源，减少环境污染。”尹德营介绍说。

所谓“城市矿产”，是对废弃资源再生利用规模化发展的形象比喻，“废弃物是放错地方的资源”。据尹德营介绍，普通金矿石的含金量是3克/吨—6克/吨，普通线路板的含金量至少可达到200克/吨—300克/吨，而一些品牌手机的高性能线路板的含金量是3000克/吨，为金矿、银矿开采品位的100倍以上，废旧电子产品是一座实实在在的“金矿”。

地上无山、地下无矿的界首市，正是通过“垃圾”资源化，在2010年5月，被国家发改委、财政部等批准成为全国30个“城市矿产”示范基地之一，并将再生资源产业打造成为年产值达600多亿元的支柱产业。

自2000年起，尹德营便从事再生资源行业，回收汽车的废旧电瓶，从中提炼再生铅。从一开始骑着自行车在周边地区收旧电瓶，到租火车集装箱到广西、内蒙古地区一趟运上百吨废品，再到2005年在山东菏泽成立金属公司，公司一度年产值达2000万元。

在国内再生铅行业遭遇发展瓶颈时，因一次偶然的机会，尹德营进入了废旧手机环保回收行业。

2014年，一次在去太原的火车上，尹德营不经意地环顾了一下周围的乘客，发现几乎每个人都在玩手机，而且有些人手里的手机还不止一个，他突然萌生了一个有关手机的“终极思考”：这些废旧的手机最终都将去向哪里？特别在中国这么庞大的市场，这么多部旧手机都将怎么处理？

普通人萌生好奇过后也许就翻篇儿了，但从事资源回收行业多年的尹德营拥有敏感的嗅觉，觉得这里面一定蕴藏着巨大的商机。他先委托在深圳华强北商业区的朋友多方打听询问旧手机的回收渠道，后又去了深圳华强北商业区考察调研，发现收购旧手机的大部分是个体户、小商贩，没有找到正规专业的公司做旧手机回收处理。

尹德营意识到这是一个有待开发的领域和产业，回到界首便注册了安徽得赢再生资源回收有限公司，与中南大学等高校合作研发废旧手机、锂电池等电子电器的回收循环再利用项目。

2015年，在首届“赢在江淮”安徽省创新创业大赛中，安徽得赢凭借这个项目获得了二等奖。

升级：“做个伟大的环保公司”

随着信息技术和新能源汽车产业的发展，废旧手机及锂电池循环开发利用有着很大的存量和挖掘空间，是典型的“富矿”。

据统计，中国每年有4亿部手机被淘汰，总重量约达4万吨。2019年被淘汰的废旧动力电池将达6483吨，据预测，2020年将增至10446吨，

甚至有人称此为“风口已来”。

众所周知，若废旧电子产品和动力电池处置不当，不仅存在巨大的环境与安全隐患，还会造成宝贵资源的浪费。

一直从事废旧物品回收行业，尹德营颇多委屈：“我们从事的行业很多人不理解或者看不上，做再大在很多人眼里不过是个收废品的，还会认为我们做的都是污染环境的事儿。”

尹德营介绍，公司自成立以来，就以“创建全球伟大的环保公司”为目标，一直秉承“发展是第一要务、环保是第一生命”的理念，高度重视环保工作。“在不少人的印象里，再生资源是高污染行业，作为行业企业，我们要用实际行动改变大家的认识。”

“我的初衷并不是简单做个小生意，而是做个伟大的环保公司，希望资源能被最大限度地合理回收再利用。”2016年，尹德营成立安徽得赢新材料科技有限公司，拥有废旧手机和锂电池两项拆解资质，并且打通了上下游的采购和销售渠道。

可怎样才能既把千家万户的废旧手机回收过来，又能打造一个资源无浪费且高效的回收网络？尹德营开始尝试多种方法，畅通废旧手机快捷回收渠道。最终，他通过利用“互联网+”打造了一个线上和线下同步的收废平台——云再生，并在深圳华强北二手手机大市场设立销售窗口，实现废弃资源再利用和环保的双赢。

2017年，深圳淘绿信息科技股份有限公司总裁卢海滨、中南大学教授陈永明一行应邀到界首参观考察并签订战略合作协议。

协议双方共投资1000万元成立了界首再生资源大市场，建立运营平台，依托自身技术建立线上回收网络及分拣中心，开发“云再生”手机App，提供自主研发的智能粉碎设备、智能分拣设备，为安徽得赢公司线上回收废旧手机带来了更智能的服务。

基地中心回收的二手手机交由淘绿主导处理，报废手机由得赢科技公司主导处理，同时增加公司线上产品的品类，如手机屏幕、摄像头、内存卡、字库电子元件等，并整合周边300千米内的回收商在平台进行交易，取代原周边100多个贸易商，致力于打造中原地区废旧手机交易加工集散地。

深圳淘绿信息科技股份有限公司在废旧手机环保回收行业经过多年的研发投入与市场深耕，将互联网思维融入传统回收行业，积累了丰富的开发运作经验，是全国《废旧手机网络交易规范》的制定者，是国内知名的第三方网络交易平台，服务中国数百万家回收商和采购商。

与淘绿科技的合作，无疑给得赢科技的梦想插上了翅膀。实现优势互补，资源共享，共同做精做专废旧手机暨电子产品回收利用业务，构建线上线下回收加工系统。同时，依托中南大学开发提取稀贵金属，积累锂电池回收技术和经验，逐步向电动汽车电池新材料方向发展，实现利润最大化。

除了通过“云再生”平台收购废旧手机，得赢科技还与中国移动、中国再生资源开发有限公司等企业合作，仅2018年，中国再生资源开发有限公司一年销售上百万部废旧手机给得赢科技。京东投资的爱回收、阿里投资的回收宝等公司也委托得赢科技处理废旧手机。

得赢科技专注于新能源行业的发展，建设了废旧手机电池循环利用高新技术产业基地项目，已经成为全国规模最大、档次最高、主业突出的废旧手机绿色回收利用示范基地。

腾飞：“做不到第一，要做唯一”

“十三五”期间，田营园区通过创建动力电池循环利用高新技术产业基地、国家级生态示范园区、循环化改造示范园区、新型工业化示范基地，形成了高性能铅酸电池产业链、铅炭电池产业链、锂电池产业链、锌空电池产业链四大资源循环利用产业链，力争到2020年实现产值500亿元，税收15亿元，成为全国动力电池循环利用的典型。

锂电池
PACK生产线

手机屏
手机线路板
手机震动

引入废旧手机及锂电池循环开发利用对于推动田营园区产业转型升级、实现发展目标无疑具有重大的支撑作用。为实现动力锂离子电池全产业链发展目标，由安徽得赢再生资源回收有限公司发起，规划建设废旧手机及锂电池循环利用产业园，组建新的独立市场主体——安徽得赢新材料科技有限公司，承接和实施园区锂电池发展战略部署。

2017年5月，得赢科技入驻界首田营园区，凭借多年来在报废手机回收拆解销售方面的经验优势，启动废旧手机及锂电池循环开发利用项目。

新能源锂电材料和钴新材料产品制造业头部企业——华友钴业的负责人到得赢科技考察，达成长期合作的意向。得赢科技将提纯后的钴、镍、锂等原材料销售给华友钴业，每月供货约150吨。“之前华友钴业主要从非洲采购钴金属，因为我们能持续提供大量的钴并且成本更低，他们的采购中心正往我们这边转移，将来我们会逐步替代他们从非洲采购钴矿。”尹德营介绍，除此以外，得赢科技每月还供货给光华科技等新材料公司。

2019年，得赢科技实现5000万元产值，计划2020年完成1个亿的销售额。

“做不到第一，但是要做到唯一。”据尹德营介绍，因为过硬的分拣梯次技术，得赢科技已经成为目前全国唯一一家拥有年拆解万吨废旧手机处理资质的企业。公司在尹德营的带领下稳扎稳打，进行技术改革创新，获得国家发明专利3项。

废旧手机及锂电池循环开发利用项目总投资10亿元，规划占地300亩，分三期建设。一期占地30亩，主要从事废旧手机和锂电池回收拆解；二期占地70亩，主要从事前驱体材料生产，建立新能源汽车锂电池降级使用匹配基地；三期占地200亩，主要从事锂电池正极材料生产，通过招商引入知名公司组装锂电池。尹德营规划将钴酸锂的原材料做成锂电池三元前驱体，以提升产品的附加值，并最终做出锂电池成品、锂电池的产业链。

目前已完成立项、调研，正在做规划和环评。一期项目部分（废旧手机拆解）已建成投入生产。

项目全部建成后预计年回收拆解1万吨废旧手机，年处理废锂离子电池9000吨、废正极材料1000吨、废线路板3000吨基板，可实现年产值15亿元，提供就业岗位1300个。

尹德营有个写工作日记的习惯，日记是他对每天工作的复盘和反思，已经不间断地写了25年。问及写日记最大的收获时，他回答："时不我待，我们最大的敌人是时间。"

张枫

安徽枫慧金属股份有限公司董事长

没有技术的支撑，企业就没有灵魂。

张　枫
大匠雄心

文/孙书文　摄影/徐璐

在2019年苹果新品发布会上，有一个“黑科技”产品引起了大家的注意，苹果发布的当季平板电脑和台式电脑新品都使用了100%再生铝合金，以展现苹果对环境保护的重视，这意味着消费者所使用的苹果电脑外壳可能取自一部分飞机机身和旧易拉罐的材料。

从开采新铝到使用再生铝无疑是环保的一个进步，同时也让再生铝行业进入了大众视野。

“铝的可回收再生属性是众多工业广泛采用它的重要原因之一。回收铝比使用新的铝土矿更便宜，因此市场对再生铝有着强劲的需求，再生铝合金主要应用于汽车、摩托车机械设备及通信、电子和五金电器等行业，其中汽车行业占比约70%，多种牌号的再生铝合金可以应用于汽车各个部位。”从事再生资源回收行业30余年、再生铝加工行业10余年的安徽枫慧金属股份有限公司董事长张枫对再生铝行业称得上了如指掌。

近年来，我国再生铝产业发展迅速，2019年再生铝产量为725万吨，在全球占比21.7%，是世界第一再生铝大国。

安徽省界首市作为我国重要的循环经济产业示范基地，再生铝是其循环经济产业链的主要组成部分，安徽枫慧金属股份有限公司就是界首市乃至安徽省再生铝企业中的佼佼者。

成立于2007年的安徽枫慧金属股份有限公司是一家以铝锭、铝板、铝制品等以及各种建筑装饰复合新材料及铜基形状记忆合金、超高强度铝合金研发为主的生产企业，并于2017年3月在全国新三板成功上市。

公司成立十多年来稳步成长，2017年制定了“三年主板上市，五年产值过百亿，十年精深加工能力超50万吨”的发展目标。

“我立志做别人做不了的东西，我希望我的每一个脚印都在别人前面。”究竟握有怎样的“底牌”？张枫敢说出如此豪言壮语。

艰辛创业路

1986年，张枫中学毕业后报考中专，并顺利通过了预选考试。后来因为家庭贫困，交不起40元的报名费而中断学业。

当年，张枫带着5角钱外出，辗转前往陕西榆林谋生。

年仅15岁的张枫，在榆林一无资金、二无亲朋、三无栖身之地。为了糊口，张枫将捡拾的一些废旧制品卖到供销社，一个月竟挣了800多元钱，从此，张枫一头扎进了再生金属回收行业。

租辆毛驴车，张枫先在当地供销社凭票购买了一些生活用品，然后走街串巷换取废铁、废纸之类的废旧物品，一趟下来总能换取满满一大

车废旧物品。张枫不顾劳累，常常一分拣就是大半夜。

天道酬勤，功不唐捐。五年后，在供销社主任的引荐下，张枫在神木县供销社当上了一名临时工。

“榆林就像我的第二故乡，当地民风淳朴，在我吃不上一口热乎饭的时候，很多老乡都帮过我，非常感恩。我收废品给钱他们根本不要，我就用新物品换旧物品。”回忆当年，张枫感慨不已。

1992年春天，张枫动员供销社成立了神木县首家废品回收公司。当张枫所负责的公司第一个月收购40吨废旧钢铁，赚了8000元时，整个

神木县供销系统为之震惊。在张枫的指导下，短短半年时间，神木县废品回收公司就成立了11个子公司，张枫也因此受到上级领导的重视，被提拔为供销社业务科科长。

1998年，公司实行了企业改制，张枫果敢地接管了神木县废品收购公司以及所属的11家子公司。此时，张枫已与内蒙古、河北、山西等地大型能源企业建立了良好的合作关系。

张枫为人豪气善于交友，揣着“以德经商、以诚待人”这张名片，他的事业顺风顺水，一路畅通，并且完成了人生财富的积聚，成为拥有千万资产的企业家。

怀着对家乡的深厚感情，2007年，张枫卖掉神木的所有资产回乡创业，成立界首市枫慧金属有限公司。

理想丰满，现实骨感。从再生资源的回收到再生铝的研发生产，还隔着一道高高的技术门槛。2007—2008年整整一年，公司下线的产品几乎没有一件是合格的。

张枫很焦虑，“一开始生产的再生铝几乎都不达标，晶粒度不均匀，技术不过关”。张枫多方寻求帮助，终于在安徽科学技术协会的牵线下，与合肥工业大学的教授、专家取得联系，最终攻克了技术难关。

“没有技术的支撑，企业就没有灵魂。”张枫感触颇深，他也愈发重视技术研发，与多所大学和研究机构签订了产学研合作协议，充分利用大学和科研机构的技术、人才以及科研成果，结合企业先进的生产条件，提高学校的科研能力，将科研成果尽快转化为生产力，不断提升企业的技术水平和制造水平，共同推进企业与高校的全面技术合作，形成科技、产业相互促进，共同发展，最终实现双赢的目的。

公司与合肥工业大学联合成立研发中心，枫慧金属也成为合肥工业大学研究生实践基地，联合开发新型高性能合金材料及元件；与教育部材料先进制备技术工程研究中心合作研发“年产1万吨轻质高强复合泡沫铝夹芯板项目”；与西安航天自动化股份有限公司签订战略合作协议，在数字化车间、智能制造方面展开深度合作。

为提升现有产品的科技含量，公司先后投入研发经费900多万元，进行新产品的开发。公司加强创新决策及制度建设，研发费用按照公司的年度计划，结合本年度的科研课题情况进行合理的经费预算，每年投入研发经费大于销售收入的6%，以确保科研项目的持续性。

截至目前，公司自主研发的“一种硬铝合金强度的方法”“铝铸轧卷除气箱”“高性能铜基形状记忆合金”“冶炼炉”“保温炉”“冷却水自动控制系统”等已申报国家专利，每年通过技术创新获得的效益超过500万元。

2014年6月，公司技术中心成为第23批“安徽省认定企业技术中心”；2014年12月，公司被认定为“安徽省第五批创新型试点企业”；2015年7月，公司被认定为国家高新技术企业。这标志着公司正在从传统的冶炼企业向技术创新型企业迈进。

2014年9月，公司完成股份改制，由“界首市枫慧金属有限公司”更名为“安徽枫慧金属股份有限公司”，并于当年9月26日在安徽省股权托管交易中心挂牌上市，成为界首市第一家在省股权交易中心挂牌上市的企业。

创新研发路

随着公司的发展，规模不断壮大，下一步如何发展？张枫一直在思考：继续扩大规模，驾轻就熟，很容易上马，但是重复建设、低水平复制，不利于企业转型升级；寻找优质的高新技术项目，又缺乏高端人才团队支撑，风险很大。

2017年，在界首市高新区管委会的牵线搭桥下，枫慧金属与中国工程院院士、机械科学研究总院副总工程师陈蕴博科研团队签订协议，科研团队安排研发人员长期驻厂给予技术指导，共同研发“再生铝创新技术及板材构件用汽车轻量化材料”，确立重点发展高品质再生铝项目的发展方向，并建立了院士工作站。

2018年夏天，投资4000多万元的再生铝合金高品质熔炼炉正式开工建设，其中包括建设 2台75吨双室高效环保节能炉、2台35吨保温炉、铸锭机2组、铸棒机1组以及购置配套环保设施、铝渣回收系统等。该熔炼炉采用高刚度火焰加热铝原料，实现快速熔化，低烧损率。热烟气通过隔墙孔洞进入熔炼室，对熔炼室进行升温、保温，实现余热充分利用。

该熔炼炉的应用，能够大幅提升铝锭品质，实现节能减排。项目预计2020年建成投产后，可年产10万吨再生铝高品质铝锭、铝棒，产值达15亿元。

贯彻十九大精神：不忘初心 继续前进

“这是我们国内首台自主研发的75吨熔炼炉再生铝项目，生产的产品不仅品质好，每吨还可以降低1000元成本。当然投入也是巨大的，单单这炉子就投资了2000多万元。”张枫踌躇满志，这是枫慧金属近年投资最大、最看好的一个项目。

与陈蕴博科研团队合作后，枫慧金属的研发能力大幅提升了，企业发展方向也更加明确。

2019年5月，枫慧金属首期1万吨汽车铝合金压铸项目竣工。项目计划新建压铸车间及机加工车间，生产汽车铝合金压铸件。

根据项目建设规划，主要从事年产1万吨汽车轻量化高强韧再生铝合金生产，为汽车轻量化提供配套产品。项目总投资2.2亿元，其中环保投资19万元，占地面积35亩，新建压铸车间、机加工车间各1栋，建筑面积3500平方米。项目分阶段进行建设，整个项目建成投产后，将拥有年产2万吨汽车轻量化高强韧再生铝合金压铸件生产能力。

目前，枫慧金属公司已经成为安徽从事再生铝生产及深加工的重点企业，建成生产车间36000平方米，拥有双涂双烘、铝塑复合板生产线以及中频感应熔炼炉、热处理炉、拉拔机等先进设备，已形成了年产5万吨铝板带，6万吨彩涂铝板、铝塑复合板和2万吨外墙保温彩铝板生产能力。其中，“增强型铝合金板材”等三项产品被评为“安徽省新产品”。产品销往江苏、浙江、上海等地大型铝加工企业，并出口西非、东南亚等地区。

未来，公司拟建设冷轧、精整生产线，实现铝板—铝带—彩铝—保温装饰板生产一体化，同时加大对汽车轻量化零部件、超高性能陶瓷铝基复合材料项目和节能环保生物质新能源秸秆造粒项目等的研发投入，逐步向高精尖以及节能环保方向发展。

未来腾飞路

为了给企业指明中长期发展方向，探索切实可行的发展路径，枫慧金属公司委托中国国际工程咨询公司制定了《安徽枫慧金属股份有限公司再生铝循环综合利用规划》（以下简称《规划》），目标是2007—2017年依托枫慧金属公司现有基础，合理配置资源，依靠科技进步，优化产品结构，建设具有全国影响力的再生铝资源接续和精深加工的专业化上市公司。

在上百页的规划中，分阶段提出了企业未来三年、五年、十年的具体发展目标和发展路径。这些目标和实施路径体现了产业、技术、市场、科研等发展趋势，具有前瞻性和预见性。

通过《规划》的编制，张枫希望枫慧金属公司能抢占再生铝产业发展的制高点，进一步巩固现有的市场优势，成为安徽省乃至全国的再生铝龙头企业。

“能请到中咨公司给我们公司做这个规划很不容易，虽然花费巨资，但我觉得很值。科学规划才能科学发展，我们战略方向是对的，技术方法是先进的，目标就显而易见能实现。”张枫信心满满地说。

除了精耕细作再生铝领域，枫慧金属还进入了仿木铅笔领域的研发生产，这源于张枫爱心助学时萌生的一个想法。

在帮扶留守儿童、为他们送学习用品时，张枫想着能否引进先进技术，在充分利用当地丰富的再生塑料资源的基础上，生产出环保的铅笔。

经多方考察，枫慧金属携手行业专家，开始谋划仿木铅笔的生产，并于2017年4月注册成立安徽得亿文教用品有限公司。一年后，年产10亿支仿木铅笔项目正式上马，仿木铅笔领域有了“界首造”。

为了提升产品性能，公司加大人才引进力度，成立了8人专业研发团队，仅一年时间，企业获授权专利发明6件。为了在国际市场上获得认可，企业还加大研发投入和标准化生产投入，已获得欧洲EN71（玩具认证标准）以及欧盟CE（安全认定标准）认证。

“我们主打产品是六角、圆角等各种形状的2B和HB常规铅笔，还可以生产40多种彩色画笔。”张枫介绍，目前16条生产线全负荷运转，产品远销东南亚、南美市场，预计全年生产各类铅笔达10亿支。

经济效益可观的同时，也提升了环保效益。仿木铅笔利用再生EBS

塑料和PE做原料，笔芯、笔杆都是塑料，粗略估算，10亿支铅笔能节约33万棵树木。

2019年5月6日起，张枫有了一个新身份——张枫劳模创新工作室的领衔人。

以自己的名字命名劳模创新工作室后，张枫对创新的理解更深刻，期待也更加强烈了。“下一步，我们将充分发挥劳模创新工作室的作用，进一步引进创新人才，加大创新研发力度，为创新型城市建设作出更大贡献。”张枫说。

张丽

安徽三宝棉纺针织投资有限公司董事长

己欲立而立人，己欲达而达人。

张　丽
吉祥“三宝”

文/ 陶杰夫　摄影/徐璐

“墙角数枝梅，凌寒独自开。”

宋代诗人王安石的一首《梅花》或许正契合安徽三宝棉纺针织投资有限公司董事长张丽的纺织生涯。

从一名下岗女工，到下定决心创业；从十几人的车间起步，到拥有1600人的企业；从一家传统纺织企业，到提出科技研发新战略。张丽一直在挑战种种“不可能”，犹如寒冬中独自盛开的一朵梅花，散发出迷人的香气，闯出属于自己的一片天地。

作为中国改革开放大潮的见证者、受益者和建设者，张丽凭借自身的一股闯劲带领着安徽三宝棉纺针织投资有限公司成为集功能性纺织新材料研发、设计、生产、销售于一体的知名民营企业。时隔30年当张丽重新审视这些过往的人生片段时，她却直言“创业的初衷，就是为了让下岗的兄弟姐妹都有碗饭吃”。

花香蝶自来，中国工程院、上海交通大学……对张丽青睐有加，勤奋好学的张丽吸引着一位位专家、一所所高校与之合作共建，围绕科技引领企业发展布局。张丽创业的步伐永未停止，“三宝”的未来还在继续。

“二次创业”

凉爽的微风慢悠悠地吹过路边整整齐齐的小树，弯弯的河流看不到尽头，走进位于安徽省界首市东城科技园的安徽三宝棉纺针织投资有限公司所在地，看不到喧闹，整片厂区肃静而又不失精致。张丽说这里是她二次创业的基地，也是三宝集团的科研基地。

近年来，受国内外经济大环境的影响，纺织行业竞争愈发激烈。为了适应新的市场环境，三宝集团掀起了一场传统企业的科技创新革命。

“主要通过技术创新，提升产品的核心竞争力，努力开拓国际市场，推动内销外贸的‘双轮驱动’模式。”三宝集团走上科技创新之路既有偶然也有必然。

2017年3月8日，界首市政府举办了一场院士专家行活动，张丽参与了其中一场座谈会，正是这场会议给了她很大的启发。

作为纺织业新型材料领域专家，中国工程院院士俞建勇做了主题演讲。他在演讲中表示，纺织产业必须实施创新驱动发展战略，进一步提升科技进步对产业发展的贡献率，加快纺织产业走向生态、绿色、低碳、数字化、智能化，向新兴产业领域深度拓展，进一步推动纺织产业适应和满足国家经济社会发展的需求。

坐在台下的张丽如醍醐灌顶，恍然明白传统企业想要做大做强，只有不断加大科技的投入，才能创造出更加有科技含量的产品，才能提升自己的品牌影响力。

“其实三宝之前也做过科技创新，但只是不停地调整包装、纱的配比。听了院士的讲座之后，我突然发现这些根本算不上科技创新，充其

量算作工艺改进。”发现三宝集团发展中存在的关键问题后，张丽显得尤为兴奋，并多次拜访俞建勇院士，希望能够与之建立联系。

几番沟通后，张丽发现了传统企业要进行科技创新远比她想象的难上加难。

“和专家院士谈话你得有话说，不能别人说的你都听不懂，专家指引的技术性方向也得能够落实，企业的文化底蕴、能力需要匹配专家团队，这里面存在很多问题，有些是基本问题，有些是深层次问题。”天生拥有挑战精神的张丽决定从自身做起。从那时起，她形成了每晚学习的习惯。

“那时我什么都没有，只有一颗热忱的心，于是每天学习到半夜，积极与专家沟通。”

这一年，吉祥三宝高科纺织有限公司正式成立。在界首市委市政府的支持下，三宝集团建立了院士工作站，并确定以科技创新为中心，以产园融合为一体、产金融合为一体等“一新两体”为主要方向，从更高的高度进军纺织新材料的设计、研发和运用。

自发热材料、防电磁材料、防水透湿纳米材料、抗菌防螨材料以及保暖材料，依托一流高校及研发机构的技术和人才资源优势，同安徽农业大学、中国纺织科学院江南分院等多所大专院校及科研机构开展产学研合作，三宝的自主创新能力和核心竞争力得到很大提升。

现如今，三宝集团已经塑造出一支专业的研发团队，拥有专业研发人员65人，其中博士2人，硕士3人，并按照“引进来，走出去”的发展原则，于2013年引进高级人才8人，培养专业人才14人。其还拥有国家专利34项，其中发明专利3项，实用新型专利29项，外观专利2项。目前，三宝集团正在对玉米纤维进行研发，今后1—3年研发的重点是亚麻纤维、竹纤维、差别化纤维。

“现在的三宝和以前相比完全是两个概念，以前只是一家传统企业，现在是一家主打科技创新的企业。”走过三年的科技创新路，张丽认为传统企业谈科技创新并不是易事，哪怕是资源对接成功后，企业依然还要走很长的路。“这是三宝的也是我的二次创业，二次创业很难，需要学习的东西很多，也需要不断地反思。”

“国家博士后科研工作站”“院士工作站”“省工程技术研究中心”“重点培育省制造业中心”，在吉祥三宝产品展示厅内一整面墙上的挂牌正印证着张丽的科技创新成绩。

“有碗饭吃”

从下岗女工到自己办厂，张丽的创业生涯有很多故事。

1987年，刚刚初中毕业的张丽因家里经济困难，便选择了参加工作，来到了太和县色织总厂上班。“其实当时我考上了一所学校，可那时家里有兄弟姐妹四个人，生活很困难，于是我就瞒着父母说自己没考上，准备出去上班。”

从学徒、操作员、设备员一步一步走上了纺纱车间主任的职位，沉浸

在太和县色织总厂十年的张丽将整个纺织流程熟记于心，为以后的创业打下了坚实的基础。

20世纪90年代的中国掀起了一场淘汰落后企业的大变革。本以为有份稳定的工作，可以实现人生价值的张丽遭遇了人生中第一次困难——下岗。“那时全国纺织企业数量很多，市场接近饱和，我们厂因为设备落后、产能低等问题倒闭了，我一下子迷茫了，成为一名下岗工人，不知道该做什么。”

在家待了一个月后，张丽凭借着自己的技术和管理经验，进入一家纺织厂做起了帮工。

寒来暑往，处于平淡生活中的张丽却被一个场景改变了自己的未来。

“有一次过完春节回来上班，我看见以前的工人在隔壁菜市场捡菜叶，厂区里面的孩子冬天穿得很单薄，整个厂区因倒闭到处都是落魄的景象。我心里突然萌发出一个想法，是不是可以把这些下岗工人召集起来，把这个厂重新做起来，让这些人有一碗饭吃。”内心挣扎许久之后，她下定了决心自己创业，带领大家摆脱贫困。

或许是内心的“善”激发出她创业的想法，或许是不甘平庸的“奋”驱使她迎难而上，张丽很快将想法变成了实践。

张丽身边有很多人认为重新开厂需要资金、市场、原料等，这些从哪里来？但她说：“我有信心。”

根据市场风险分析，张丽策划出“蛙式”发展战略，即突破建厂房、购设备扩大生产的常规思路，开始尝试租赁经营。

“当时最主要的问题是资金，整个厂房买下来需要很多钱，我只是一个工人，收入低，无法全额买下，好在当时政府很支持，以每年23万元的租金将厂房其中一部分租赁下来，而且租金可以分期付。”

虽然厂房问题解决了，但启动资金问题依旧摆在张丽面前。

“找了很多朋友借，可一听说我已经下岗了都不借，有的朋友甚至闭门不见。”走投无路之下，张丽与亲戚商量后，用一所房子做抵押，找到银行贷款。“最后凑了20万元，10万元给了政府作为租金，10万元用来整修厂房、设备等。”

依靠张丽“逢山开路，遇水架桥”的闯劲，1999年，太和县三宝通达纺织有限公司迎来开工。生产运作起来后，张丽又开始四处张罗着寻找客户。比较幸运的是，以前工作时积累的一些客户资源依旧信任张丽，纷纷与她签订合同。

乘风破浪正当时。随着国内纺纱市场复苏，张丽终于将倒闭的工厂成功“复活”。

2000年，太和县三宝通达纺织有限公司每个月的纺纱产量达到220吨。“售卖价格在每吨1.5万—2万元，企业总算是有盈余了。”

创业的过程中，张丽一直谨小慎微，她坚持每一分钱都要用得恰到好处。随着市场需求的日益提升，现有的规模早已满足不了产能的提升，扩张势在必行。

2001年前后，张丽花费了近400万元购买了三处废弃厂房，并有针对性地进行规划。“安徽三宝棉纺针织投资有限公司现拥有棉花加工厂、三宝纺纱厂、三宝织布厂、三宝床上用品厂四个生产基地。”

回顾以往的创业经历，张丽坦言那个时候初衷并不是把企业做多大，就是为了解决下岗工人的吃饭、养家问题。“以前老厂房的工人还有大约200人在三宝集团里面工作。”

善良而又努力的人，往往更容易成功。

在张丽的带领下，吉祥三宝的市场影响力越来越大，成为国内外的知名企业。

委身公益

“太和县巾帼建功先进个人”“界首市三八红旗手”“阜阳市十大杰

吉祥三宝

全棉印花

出青年”“安徽省下岗职工再就业优秀带头人”“安徽省十大最具社会责任感企业家”……

数不胜数的荣誉称号正是张丽在做大做强企业的同时，积极回馈社会的成果。作为阜阳市人大代表的她一直强调，为人民服务做得还不够，今后要积极履职尽责，做一名合格的人大代表。

“心系小家，不忘大家。”2018年，张丽在走访中了解到，农村集镇上小商小贩流动性大，经营场所很不固定，由此带来的食品安全隐患问题不容忽视。后来，在阜阳市四届人大七次会议期间，张丽和其他同样关注此问题的九位代表共同提出了《关于加强对农村集镇食品安全监管的建议》，引起了社会各界的广泛关注。为此，阜阳市食安办和市药监局高度重视，出台了《阜阳市食品安全违法行为举报奖励实施方案》，公布12331食品安全投诉举报电话，健全投诉举报机制，确保人民群众“舌尖上的安全”。

一直以来，张丽自觉履行社会责任，按照“亲”“清”原则把握和处理政商关系，积极构建和谐劳动关系，踊跃参与公益事业，“百企帮千村”精准扶贫行动针对任寨乡杨庄村扶贫，并签订了精准扶贫行动村企结对帮扶协议书。2017年又和界首市代桥镇代西村、代东村签订了“百企帮百村”精准扶贫行动村企结对帮扶协议书，对当地的贫困户和大学生给予了很大的帮助。

其他社会公益慈善活动张丽同样亲力亲为。2003年至今，张丽曾去过敬老院慰问捐款、为困难学生捐资助学，也曾在每年“国际聋哑日”为界首市特殊教育学校捐助。

“己欲立而立人，己欲达而达人。”与张丽接触过的人会发现，她一直都在为企业和社会默默作出自己的贡献。张丽一再强调她拥有的一切来源于社会各界的大力支持和员工们的共同努力，而她只是恰好碰到一个机会。“未来，我希望带领吉祥三宝的产品走出安徽，走向全球；希望能够发挥一切力量，为家乡和社会作出自己的贡献。”

从默默耕耘建立纺织厂到乘风破浪走向科技创新，张丽的创业之旅和吉祥三宝的故事依旧待续。

张强

安徽强旺集团董事长

坚持走以信息化带动工业化、
以工业化促进信息化的新型工业化道路。

张　强
得技术者得天下

文/陶杰夫　摄影/姜朝洋

张强认为，他的人生虽然充满波折，但还算比较幸运。

2005年，他辞去沙河集团和东亚集团职务，离开稳定而又舒适的区域，偶然间进入调味品行业，找到了自己的创业方向。2006年，他坚持走食品科技研发之路，带领安徽强旺集团“杀进”海外调味品市场，并成功站稳脚跟，获得市场认可。如今，他携带着丰富的科研储备和强大的品牌知名度，引导强旺与“中盐”达成合作，试图回归国内市场。

在新冠肺炎疫情影响下，张强坚信调味品行业即将迎来新一轮洗牌，在这个过程中得技术者得天下。强旺早已做好一切准备，只待春暖花开，市场复苏。

沉醉于食品技术研发的张强，一直认为企业管理是一门科学，企业需要学会利用企业文化形成凝聚力，从而促进企业进一步发展。

用“逆行”发展

中盐植物蛋白肽盐、中盐精制盐、中盐天山雪品盐……在安徽强旺集团产品展厅内，一排排包装精致且挂上“中盐”品牌的调味品，在聚光灯的照射下尤为引人注目。这些由安徽强旺集团研发生产的产品即将走进国内市场，也预示着强旺集团全新的战略调整。

2020年开端，新冠肺炎疫情肆虐全球，作为一家集调味食品加工、食品科技研发、国际贸易于一体的出口型企业，安徽强旺集团的外贸业务受阻，不得不面临清关等难题。

“即便货物能从国内发出，很多国家的港口已经实行封锁，造成产品无法清关。”面对仓库和生产车间内堆满的货物，安徽强旺集团董事长张强一边积极部署企业有序复工，一边嘱咐外贸部门做好疫情过后需求暴增的准备，同时加快推进产品进入国内市场的计划。

在国内调味品市场，原国内大部分知名企业已被国际巨头企业兼并收购，并一直占据行业主流，鲜有人熟知强旺的相关产品。这也意味着在巨头垄断之下，强旺想要进入国内市场举步维艰。

但张强认为，当下恰恰是强旺进入国内调味品市场的最好时机。

“随着人民生活水平的提高，国内调味品市场会持续扩大。此外，国内政策也在强调健康饮食。这两点足以推动强旺回归国内调味品市场。”张强相信在市场和政策的驱动下，国内调味品市场必将迎来新一轮洗牌，强旺需要寻找适当的机会实现回归。

如今，国内调味品市场早已达到千亿规模。中商产业研究院发布的《2019年中国调味品市场现状及行业发展利弊因素预测分析》显示，截至2018年底，全国调味品及发酵行业销售收入为3427.2亿元，同比增长10.6%，到2019年底，调味品、发酵制品制造业企业收入将超3700亿元，增速约为8%。

与此同时，早在2016年，中共中央、国务院发布了《“健康中国

2030”规划纲要》指出，要制定实施国民营养计划，深入开展食物（农产品、食品）营养功能评价研究，全面普及膳食营养知识，发布适合不同人群特点的膳食指南，引导居民形成科学的膳食习惯，推进健康饮食文化建设。

“政策上强调健康饮食文化，我首先想到的是调味品，但强旺回归国内需要借力。因此，强旺与中盐合作，既可以借助它们的品牌知名度，也可以发挥强旺三同（同线、同标、同质）优势，快速打出知名度，占领市场。”张强认为，凭借强旺高质量的产品和存储的研发技术实力，打开国内市场只是时间问题。

目前，强旺集团已被批准与中盐安徽盐化集团通过混改合作进入盐行业，双方将合力打造出国内中高档盐产品的研发、生产基地和中盐集团旗下多品种盐出口基地。

作为一家以调味品起家的企业，强旺先行开拓海外市场，而后做大做强，进军国内市场的战略，看起来有些特立独行，甚至可以称为“逆行”。

时间回到2005年，彼时出于种种原因已经离开沙河集团和东亚集团的张强想要做出一番属于自己的事业，却迟迟找不到创业的方向。

郁郁寡欢之时，张强收到一位台湾客户发来的邮件，也正是这封邮件打开了张强的创业思路。

“这位客户跟我说非洲的调味品市场很大，问我能不能做，还给了我一份52吨立方体调味品，价值72万元的订单。”即便对调味品毫无经验可言，张强还是接下了这份订单。

但什么是立体复合调味品、从何处买食品加工机械、如何生产出来等一系列问题扑面而来。

依靠敢闯敢拼精神，张强拉来一位朋友开启了自主研发调味品之旅。

“缺人手，靠自己；缺设备，去废品厂寻‘宝’；缺经验，上网查询国外的一些资料。”数月之后，张强成功制造出一台调味品包装压片机，并且拿下这位台湾客户的订单。

尝到首份订单的甜头后，张强决定利用调味品“出海淘金”。彼时他已经52岁。

回顾创业的初始阶段，张强直言，这是一种幸运，幸运能够找准方向，幸运能够找到自我，幸运能够通过自己的努力去夺回失去的时间。

2015年12月初，强旺集团通过互联网与尼日利亚成功签订了一笔

500万美元的多功能复合调味品订单。这一年的前11个月，强旺集团的外贸销售额达到3400万美元。

随着产品远销非洲、中东、东南亚、欧美等20多个国家和地区，强旺站稳了国外调味品市场，并尝试调头攻下国内市场。

对于“逆行”的发展道路，张强给出了自己的解释。“欧盟、美国等相对发达的地区，在调味品标准制定上要求严格，可以说是‘高大上’。如果强旺能够把海外市场做起来，并成功获得市场认可，那么再调头回来做国内市场，便拥有较高的可信度。”

走“强内必先兴外”的发展之路，是张强多年创业经验的积累，更是他高瞻远瞩战略眼光的体现。

用科技开路

在界首市高新技术开发区胜利路1号安徽强旺调味食品有限公司的生产车间内，一位身穿蓝色工作服，戴着口罩的花甲老人正在饶有兴趣地跟工人们交流技术问题。

这位老人正是张强。

“我到现在都依然记得生产车间内每台机器的构造及零部件。只要员工说明机器出现了什么问题，我就能说出原因。”张强笑着说，一直到现在他都认为自己是一名技术工人，对机器设备情有独钟。

而这一切都与他以往的工作经历有着不可分割的关联。

1978年，界首化肥厂决定建一座汽车修理厂。已在化肥厂工作九年之久的张强被任命为汽车修理厂的厂长。从那时起，他便过上了整天与机器打交道的生活。

“在沙河集团，我每天凌晨4点多起床，工作到半夜回去休息。”在张强的眼中似乎只有工作，而这种敬业精神也让他先后成功担任东亚集团董事长和沙河集团法人代表。

然而，经营和管理理念上的冲突让张强不得不选择离开沙河集团，闯入调味品的创业生涯。

2006年，安徽强旺调味食品有限公司正式成立。拥有丰富技术和管理经验的张强在安徽强旺集团成立之初便将之定位于一家科技型企业，并为之投入大量的资源。

为了满足市场需求和提高产能，2009年，安徽强旺投入3600万元扩产，其中有2000万元用于建设研发中心。由于占比过多，这一举动立即引来强旺集团管理层的一致反对。

“如果强旺生产出的产品科技含量低，那么很容易被其他企业复制。只有真正拥有核心技术，强旺才能走在行业前面。”面对强烈的反对之声，张强顶住了压力，与江南大学、合肥工业大学等高校共同建立了科技研发中心。

如今，安徽强旺集团已与国内几家高校、科研院所建立了产学研战略合作关系，并组建了天然级复合调味料、多品种盐、个性化功能性食品等六个产业技术创新团队。

在张强看来，强旺与高校、科研院所合作有两个好处，一是强旺可以借助高校、科研院所的科研能力，促进强旺产品精益求精，还可以实现产品知识产权自有化，避免与同行出现纠纷；二是高校、科研院所可以依靠强旺提供的设备和资金，提高研究成果的转化率，加快产品走出实验室进入市场的节奏。

“食品科技研发最关键的是中试阶段，它决定了产品是否成功以及能否走出实验室，但中试往往需要花费巨大的资源，这是高校所不具备的。”于是，强旺设立了配套建有成果转化中试基地和营养与健康产业园产业化基地，形成了“研发—中试—成果转化—规模化生产”四位一体综合发展的创新发展体制。

同时，强旺集团还有两个博士后工作站，科研经费的投入连续五年超过总产值的6%—8%，研发全过程中的资金有了保障。依托高校的人

強旺味霸
贈品
中盐

才优势、技术优势，以及强旺集团的产业优势，强旺集团探索出多种形式的技术转移与成果转化模式，也解决了实验室技术实现产业化“最后一公里”的问题。

“既能把高校的研究成果、企业优势和市场潜力有效地结合起来，也能实实在在地将其转化为生产力。”在张强的引导下，强旺集团已经成为以智能制造为方向，以重大项目为载体，建设营养与健康功能食品智慧工厂、功能性复合调味品数字化车间、多品种盐智能化车间三大柔性制造平台。

沉醉于食品技术研发的张强还为强旺集团打造了一套全自动生产线和智能化监控系统。在强旺集团信息化指挥中心内，张强可以看到整个厂区的生产情况，随时传递信息。

“强旺始终坚持走以信息化带动工业化、以工业化促进信息化的新型工业化道路。”据张强介绍，强旺集团投入了3000万元，进行线上办公自动化系统改造，实现了厂区网络系统整体光纤到桌面，110余个信息点分布在企业各个场所，具备全球领先的信息化指挥中心、多功能会议室、企业文化信息中心、科技情报中心。

用文化凝聚企业

“忠诚、孝道、团队、创新”，走进安徽强旺集团，这八个大字格外醒目。张强说这是他逐字琢磨而出的，也代表着强旺集团企业文化的核心。

“企业管理是一门科学，我时常在想企业管理到底管什么，其实最

终还是管人，人管好一切都顺了。”张强透露，强旺集团在筛选员工时，首先确保其拥有忠诚和孝道，然后有感恩和团队精神，最后才是创新能力。

强旺集团企业文化的特殊之处在于，企业要有信于员工，员工要对企业忠诚。

为了给员工创造安全的工作环境，强旺集团针对每一位员工及其家庭情况做了一份特制的表。一旦某位员工出现问题，便号召全体员工共同想办法帮其渡过难关。

2018年，强旺集团财务部门一位员工的孩子生了一场大病。在了解情况后，张强迅速组织员工捐款，检验员工的爱心，企业全部兜底，展现企业对员工的关心，送这位员工的孩子前往北京的医院，其间产生的费用由强旺集团承担。

在强旺集团有个不成文的规定，基层员工可以直接找董事长张强反映任何问题，面对面进行交流，无须层层上报。

“相当于问题反馈直通通道，主要为了给员工一些机会。”张强说，任何企业的文化建设都不能依靠宣传和贴标语，而要找到那股真正能够凝聚所有员工的力量，伸出去是拳头，缩回来是五指。

当然，创新也一直是强旺集团的核心文化。张强确信，唯有全新的科技创新理念，才能让企业适应当今经济全球化、信息网络化、知识经济化的时代要求；唯有时刻保持危机感，才能为企业科技创新营造一种特有的氛围，在科技创新中实现超越自己、同行和市场。

作为界首本土民营企业之一，强旺集团积极承担企业社会责任，充分发挥企业资本、管理、技术等优势，在发展产业的同时，积极参与脱贫攻坚工作，并与代桥镇刘寨村建立结对帮扶关系，不断加大对其帮扶力度，拓宽帮扶途径。

在经营企业上，他坚信科技力量；在选择市场上，他信奉“逆而行之”；在管理企业上，他笃信文化的凝聚力。花甲之年的张强依旧续写着他的创业故事。

周水明

阜阳宝业瑞祥建筑工业化有限公司总经理

推动一个行业的发展，
从企业层面来说，需要的不只是政策，
而是持续的政策。

周水明
铁骨铮铮

文/ 刘娜　摄影/姜朝洋

深秋的界首有些清冷。

在西城科技园的一处工地上，没有尘土飞扬，没有轰鸣噪声，没有绿网遮盖的脚手架，没有堆叠的石子黄沙，没有脏乱的建筑垃圾和零散的建筑材料，各类预制构件有序叠放，数台高压炮雾机间或降尘……与传统的建筑工地不同，这个施工现场显得干净和安静许多。

“这个住宅项目是界首市2018年的重点项目，采用装配式建筑，预制率约30%，开工时，是安徽省最大的装配式建筑项目”，走在工地上，仍然带着乡音的阜阳宝业瑞祥建筑工业化有限公司总经理周水明“指手画脚”着，尽管是在介绍项目，但他依然会随时交代工作人员立即整改他发现的问题。

从房产开发到商管招商，再到建筑工业化，土生土长的浙江人周水明19年的职业生涯，有18年在安徽度过。“成家立业，安徽锻炼培养了我，是我的第二故乡”，从合肥到阜阳，周水明见证并参与着宝业集团在安徽的发展扩张，用脚步丈量着一座座城。

“永远的遗憾”

2002年，刚走出大学校门的周水明顺利进入了宝业集团，这是一份令人艳羡的工作，因为创建于1974年的宝业集团是当地数一数二的大企业。

同年，紧抓中部崛起的机遇，借浙皖两省经贸合作之际，宝业集团全面拓展安徽市场，投资成立安徽宝业建工集团有限公司。2003年，周水明就被调派到安徽，当时他也没想到，自己会在这片陌生的土地上扎下根来。

彼时，正值安徽省拖拉机厂改制，宝业便从合肥市瑶海区的这块地皮开启了在安徽的拓荒之旅。

“从债务到工人，宝业全面收购了当时的安徽省拖拉机厂。”周水明到安徽时，重组已经完成，即将在原来的厂址上翻新重建新工业园区。“因为原本就是拖拉机厂，宝业就将其重组改造成了生产建筑工程机械的工业园，成立了合肥中宝机械制造有限公司”，他回忆道。

这也是安徽宝业的第一个篇章。在重组过程中，宝业保留了一批制造业骨干，按照自供带市场的思路转产塔式起重机、施工电梯、支撑体系等建筑机械产品，走向了一段新的历程。

不过，刚到安徽的周水明并没有参与建厂区，而是被派去卖房子。

当时，前身为“绍兴县杨汛桥人民公社修建服务队”的宝业集团股份有限公司历经近30年的发展，已经成功登陆资本市场。2003年6月30日，

宝业集团成为第一家在香港联交所主板上市的综合类民营建筑企业。

房地产也正是那个年代热度最高的行业之一，建筑队出身的宝业自然不会错过，周水明也参与了几乎所有宝业在合肥的项目开发，最让他难忘的是2013年开业、如今已成为合肥东部商业地标的宝业·东城广场项目。

“那是宝业在合肥的第一个综合体项目，集团上下特别重视”，周水明说，当时集团对这个项目的规划面积是33万平方米，9万平方米的商业全部自持，定位是“合肥东部从此有了商业中心”，因此他的招商任务繁重。起初的招商过程却并不顺利，甚至有些艰难。

尽管并没有太多商业综合体运营管理的经验，但周水明开发项目多年的经验告诉自己，“招商必须走在建设前”。

“建设商业综合体本身并不困难，从技术角度来说，盖商场比盖住宅要简单”，周水明对建筑本身并没有太多顾虑，他担心的是未来。

他认为，住宅销售出去，开发商的工作就完成了，但商业综合体不同，运营管理工作要伴随始终。而且，商业综合体最后一定是非常市场化的，商家入驻与否、生意好不好，这些都是问题。

因此，他出的招是“量身定制”。

这是周水明和团队共同讨论出的结果——根据不同商家的性质对建筑本身作出调整，比如餐饮的三通和排风系统与服装店的要求是不一样的，商业综合体只有先确定了哪个分区是哪种商家，才能在建设时有针对性地进行分区和承重等方面的调整。

“这样的举措必须建立在一定的前提上，量身定制要求开发和运营管理团队必须协同合作”，周水明表示，正因为宝业有这样的实力和能力自建自持，才能充分凸显一体化的优势。

确定了这样的方针，周水明开始了大张旗鼓的招商工作。

“东城区位和消费群体并不是特别理想，很多品牌不愿入驻，连像样的品牌都没有，我上哪去建个东部商业中心？”周水明决定从主力店下手，他瞄准的是国际知名商超家乐福。

在周水明的规划中，宝业·东城广场将由双主力店牵头——大约2万平方米的商超家乐福和同样约2万平方米的“名品奥莱店”，再加上分别约5000平方米的电影院和家电卖场共同组团。

一开始，家乐福是拒绝的。

“当时，项目对面的地块已经有了一家沃尔玛，按照家乐福的规划，肯定是不愿意在这里开”，周水明心中的主力店首选就是当时有着强大品牌号召力的家乐福，他始终坚持自己的判断。

大半年时间，谈了30轮，家乐福终于点头了。

后来的事情证明了周水明的眼光。近几年，家乐福中国的业绩和利润都在倒退，但即便如此，宝业·东城广场的这家家乐福营业额一直非常可观，以并不特别出众的区位，销售额稳居合肥现存五家门店的第二名。

“拿下家乐福，我心里就有了底，信心也更足了”，周水明表示，主

力店的带动效应是不容小觑的，有了知名商超，从某种程度上说，已经有了相对稳定的客源。从无到有的工作完成了，接下来是做加法。

为了提升合肥东部城区的消费能级，实现东部商业中心的目标，周水明瞄上了咖啡品牌星巴克。

“星巴克不太看得上我们，觉得自己和那个区位的消费定位不符”，周水明直言星巴克是宝业·东城广场招商路上第二块难啃的硬骨头。他当然知道星巴克的想法，但“就是因为东部城区原本没有这样的消费定位，我们才需要它，需要它身上那种自带的小资属性”。

真诚的态度和量身定制的方案打动了家乐福，也打动了星巴克，更打动了后来无数个品牌和商家……2013年，宝业·东城广场正式开业，吸引了万千客流。

如今，宝业·东城广场已成为合肥城东中心重要的城市综合体和东部城市地标，可是“操盘手”周水明还有着丝丝遗憾。

2017年12月26日，合肥地铁2号线正式开通，看到新闻的周水明心里咯噔了一下。为宝业·东城广场倾注了多少心血，他心中的遗憾就有多深，“可能是永远的遗憾”。

原来，早在2010年前后，他看着已经开工建设的合肥地铁1号线，开始思索着关于地铁经济的问题。当时，合肥地铁2号线的建设也有了一些传闻，他便开始与合肥轨道交通集团接触，希望在未来能够将地铁站通过地下通道直接连接商场。

“当时2号线建设还没有官宣，但我已经在商场的建设中设计并预留好了通道接口”，周水明计划将商场门口的广场上盖打开，作为地铁口，呈现出下沉式广场的景观，直接连通地铁。他做好了一切准备工作，不过最后这条通道并未成为现实。

“遗憾肯定是有的，而且可能是永远的。”时隔多年，周水明依然难以释怀。

建筑工业化未来可期

用到“永远”这个词，并不仅仅是因为目前开通的地铁并未连通商场，还因为周水明工作岗位的调动。

宝业·东城广场开业后，一直客流充沛，节假日更是人头攒动。看着熙熙攘攘的顾客，他还没有来得及品尝丰收的果实，就接到了一纸调令。

2014年，因集团战略调整，他受命从合肥来到阜阳，开拓市场的第一单就是负责太和县工业园区项目的开发。自此，周水明也打开了装配式建筑这扇“新世界”的大门，走向了产业链上游。

其实，对于住宅产业化，宝业集团一直在探索，宝业集团股份公司董事长庞宝根就认定建筑工业化将是中国建筑业转型发展的必然方向。

早在1996年，宝业集团就开始试水装配式建筑，还参与了早期国家开展装配式建筑的征求意见，并入选了第一批装配式建筑产业基地。

与此同时，在装配式建筑上，合肥的起步也处于全国前列。2007年，合肥经开区率先引进德国西伟德混凝土预制件全套生产线，拉开了合肥装配式建筑发展的序幕。

宝业集团闻讯而至，与西伟德强强联手，引进先进技术设备，开展建筑工业化的探索与实践，并成为安徽省装配式建筑行业标准的参编单位。2013年7月，位于合肥市经开区的天门湖公租房3号楼交付使用，“这个由宝业与西伟德共同打造的项目，是安徽省第一个高层装配式建筑”，周水明记忆犹新。

关于装配式建筑，有个形象的比喻——“搭积木”，但事实并非如此。

“预制构件的每一根钢筋，每一块预制板都是严格根据图纸设计的要求生产的”，周水明介绍道，建筑施工方必须从预制构件的产品设计和生产、供应环节就开始跟踪，对接生产计划、实施质量监控和构件验收。

在技术的赋能下，装配式建筑有效排除了传统建筑电梯井筒垂直度易偏差、墙壁易空鼓、窗户易漏水等小毛病，“因为组装房外墙是一个整体，窗户也嵌入其中，没有缝隙”。

“除了房屋本身质量得到提升，装配式建筑也成为绿色建筑的重要评价指标。”行业做过测算，装配式建筑能减少八成的木材消耗、六成的施工水耗、八成的施工噪声、半数的工人、八成的施工垃圾、三成的建设周期、八成的模板用量、两成的施工能耗、七成的脚手支架和两成的材料浪费。

随着大型装备生产能力与建造技术的不断发展成熟，建筑业的手工操作即将进化成为工业化集成建造，质量通病通过工厂化的生产将大量减少，手工误差通过精细化工业生产大量避免，建筑业真正进入了可质量回溯、可规模化控制的时代。

也正因为高度的工业化，装配式建筑的前期投入成本很高，“是典型的重资产行业”。周水明以位于界首的工厂为例，2.2亿元总投资，全部投产后，产能可达100万平方米，“而想要实现满产，何其难”。

更不用说，作为工业产品，部品构件需要从工厂走到工地。装配式建筑比传统建筑多了更多的运输成本。经测算，行业内目前比较经济的辐射范围是在100千米—150千米，这就要求装配式建筑企业要分散布点，进一步加大了前期投入成本。

也正因如此，目前宝业集团在安徽布局了15个装配式部件的生产工厂。“不过，随着人力成本的不断上升，装配式建筑和传统建筑的施工成本正在走向临界点”，周水明认为，随着技术的不断革新和人口红利的逐渐消失，装配式建筑还有着巨大的市场前景，在行业逐渐成熟时，早早布局的企业无疑会迎来春天。

正如宝业开发商业综合体坚持开发和运营管理团队一体化，在建筑工业化领域，宝业集团更是打通了全产业链。

从装配式住宅设计、深化设计、构件制造、施工安装等装配式住宅全产业链，到PC构件工厂规划设计、土建施工、设备制造、模具制造等PC构件工厂全产业链，安徽宝业制造实现了两大全产业链，是宝业集团继浙江之后的第二大基地。

“机械制造基地由中宝公司承担，研发设计与销售由持云公司负责，合肥和上海两地设计、制造、销售‘三位一体’运行”，周水明认为这也是宝业能够在行业立足的基础。

依托于“三位一体”的“自给自足”，宝业已经将施工成本控制在合理范围内。“已经接近临界点”，周水明说的是传统建筑模式和装配式建筑的施工成本。他透露，目前阜阳市装配式建筑的成本造价已经控制在每平方米3000元。他相信随着技术不断升级，未来两种模式的施工成本将会更趋于一致。

“推动一个行业的发展，从企业层面来说，需要的不只是政策，而是持续的政策”，周水明很看好建筑工业化的未来，尽管目前国内仍普遍处在模仿阶段，但他认为随着人口红利的逐渐消退、环保要求的继续加码，无尘无噪工地会越来越被需要和推广。

安徽对装配式建筑的政策支持力度很大，这让周水明在广阔的市场前景之外，看到了行业的未来。近20年来，安徽宝业建工集团已累计在安徽投资300多亿元，上缴税费30多亿元，成为国家建筑施工总承包特级企业，并在合肥、六安、宿州、亳州、阜阳等地建设了10多个建筑工业化制造基地，实现了从传统建筑业到制造业的蜕变，成为浙皖两省经贸合作的典范。

而从基层员工成长为区域负责人的周水明，正是宝业集团在安徽再造一个“浙江宝业”的亲历者和见证人。

朱峰

界首市通达塑业有限公司总经理

单打独斗是做不大的，我们要取长补短合作共赢。

朱　峰
再塑乾坤

文/孙书文　摄影/徐璐

饮料瓶、废弃塑料管、旧塑料桶、旧鞋底……这些平日里被人们随手丢弃的塑料废品，作为“白色污染”埋进土里，上百年都无法降解。如果经过回收、改造，它们摇身一变，就会成为编织袋、沙滩网布、汽车坐垫、安全网等，甚至化作精致的玩具、华丽的服饰、时尚的雨鞋。

这正是界首市100多家废旧塑料回收和加工企业正在做的事情。

在界首市北城科技园的通达塑业有限公司厂房里，流水线上的工人正熟练地忙活着，从山西、河南、安徽、山东等地回收的一堆堆塑料废品“垃圾山”，经过清洗再加工数道工序后，就变成了光洁干净的PE塑料颗粒，再销往江苏、浙江、上海、安徽等地。

界首市通达塑业有限公司成立于2010年，现有五条颗粒生产线及两条清洗线。主营业务为废旧塑料回收及再生塑料颗粒的生产销售，合作伙伴有南通沪望塑料科技发展有限公司、上海中塑管业有限公司等大型知名企业。

2019年，通达塑业实现年销售2万吨塑料颗粒，营业额7300万元，上缴税金750万元。目前，公司拥有“一种环保的塑料废料自动化高效粉碎回收设备”1个发明专利以及7个实用新型专利，并在2019年10月通过高新技术企业的专家评审，2020年1月成功获批国家级高新技术企业。

收废品，家门口变“废”为宝

土生土长的界首人朱峰凭借一手精湛的卤菜手艺，在界首市光武镇经营着一家远近知名的饭店，无奈欠账打白条的人太多，常常一年忙到头还入不敷出，做了七年之后朱峰只好转行开始做废旧塑料品回收生意。

“不用油、不用电，家家户户都能干。”20世纪80年代，界首市光武镇上流传的这句话说的正是收废品行当。

背着包，带着借的2万元钱，朱峰跟朋友走南闯北半年，辗转宁夏、内蒙古、山东、湖南等地市场学习回收塑料废品的知识，朱峰大开眼界，长了见识，重新认识了小塑料瓶里的“大学问”。“真没有想到塑料用处这么大，行业产生的效益这么大。”朱峰说。当时的光武镇，已有不少人选择了像朱峰一样的路。

2003年，朱峰回到界首市，置办了一些粉碎机、造粒机，请了几个工人，把回收的奶瓶、洗发水瓶以及各种废旧塑料瓶进行分类、清洗、粉碎造粒，生产出来的PE、PP颗粒可以用于制作塑料袋、垃圾桶、地下管道等。这些原料大多卖给江苏、浙江、上海、安徽等地的塑料制品生产

企业。一吨获利三四百元，让朱峰尝到了收废品的甜头。

在几十平方米的地方，朱峰的加工厂就这么办起来了。“那时候全靠人工手洗，我跟老婆俩人常常要分拣清洗到后半夜。”朱峰对当年的创业光景记忆犹新。

朱峰没料到，创业路上更难迈的坎儿正等着他。随着生意的拓展，很多亲友也加入了朱峰的企业，由于缺乏安全意识和正规的操作技术，创业三年间，一位亲戚在操作粉碎机时意外致残，另一位工人因操作失误丧生。

这两起意外事故，对刚创业的朱峰无疑是当头一棒，他总计需要赔付50多万元。

生活还要继续。2006年，朱峰卖掉房产支付赔款，虽然身负债务，他仍然决定重新创业。“我跟我老婆说，咱们再创业一次，实在不成，就老老实实打工还债。”朱峰在北城科技园租了四亩地建了一个小厂房，投资10万元再次创业。

好在天无绝人之路。朱峰到现在都记得那一天的具体日期。

2006年8月20日新厂开业，朱峰正在厂门口，偶然遇到了南通沪望塑料科技发展有限公司的负责人到光武镇采购。与朱峰聊天中，客商感受到了他的诚意，便递给朱峰一张名片，表示愿意收购他们厂的塑料颗粒产品。

没合作过，没交定金，却要先送一车10吨价值5万元的货，家人都不主张做这笔买卖。朱峰心里也没底，但是他不愿意错过这笔生意，于是决定亲自押货。毕竟这一车不单单是货物，还是他东山再起的希望。

不料，路途中又因为超载被罚了几千块钱，整车货物几乎没有盈利空间。朱峰虽然很沮丧，但开弓没有回头箭，买卖还要做成。货物送到沪望科技，老板听闻朱峰这一路的遭遇，很爽快地收了货，并且当场结账付了现金。无疑，朱峰这次的冒险赢得了大商机。

南通沪望塑料科技发展有限公司是一家集国际贸易、研发、生产、销售排水板、植草格、垂直绿化等产品于一体的大型建材集团企业，是北京2008奥运工程、上海2010世博会工程塑料防护排水板供应商。

通达塑业也通过此次合作赢得了沪望科技的信任，双方达成了长期战略合作关系，后来很长一段时间，通达塑业每月供给沪望科技多达

300吨的塑料颗粒，甚至在2008年遭遇金融危机时，沪望科技都没有向通达塑业压价。

“这一天，我一直都记得。我认为这是路遇贵人，我也相信以诚待人总有好的回报。”朱峰回忆创业的艰辛，数度哽咽不能言。

凭借诚信做人的原则，朱峰也得到了朋友的信任和支持，江西的合作伙伴为了缓解他的资金压力，作为上游企业先发了价值20万元的三车货物给他周转。

公开资料显示，2006年，界首市从事再生塑料回收加工的收购户

达2052户，粉碎造粒户476户，深加工户62户，规模企业170余家，从业人员5万余人，年收购量达37万吨，加工量23万吨，主要生产PVC、PE、PP、PS、PET五大类再生颗粒产品和编织袋、遮阳网、塑料制品、卫生洁具等各类生产生活用品，产品销售范围遍及全国，成为全国最大的再生塑料集散地之一。

界首市近年来大力发展循环经济，已形成以再生金属、再生塑料两大再生资源产业为主导的产业集群，依靠这两大产业，矿产稀缺的界首把废旧资源变成了自己的“城市矿产”。

兴一个产业，富一方百姓。朱峰乘着界首再生塑料循环经济迅猛发展的东风，也进入了个人事业的快车道。

塑料废品行业蒸蒸日上，朱峰的生意“怎么做都不赔钱”，50米见方的池塘，两年内就被朱峰清洗塑料瓶子的泥巴和沙子填满了。

企业发展越来越好，债务也还完了，日子也渐渐富裕，朱峰跟着感觉走，开始满足这种安逸的日子，不再拓展新的领域和业务。

深加工，完善企业产业链条

在《爱丽丝漫游奇境记》书旦有句话：在我们这个地方，你必须不停地奔跑，才能留在原地。

这句话在人生和商业的竞争中也成立——你当前的境况是不是最好的，不重要，比其他人跑得快才重要。否则，你恐怕很难留在原地。朱峰深有体会。

“我很后悔以前没走出去多学习。人的见识和视野真的决定了人的发展，我的眼界有限，丢掉过很多机会，浪费了大好光景。”市场千变万化，技术日新月异，步步追赶尚且不一定能跟上时代的步伐，何况停滞不前的人。朱峰十分后悔曾经不思进取，企业错过了转型升级的机会。

仅仅进行初加工，产业发展势必受限，于是界首人开始瞄准塑料制品深加工，延长产业链。朱峰曾经本可以凭借跟沪望科技的合作关系，向深加工方向发展，做到自产自月，形成完整的产业链，可惜他错过了。

十年前，为减少运输成本和人力成本，沪望科技有意与通达塑业合作在界首投资建厂，做塑料产品的深加工，但与当地政府在招商条件上没有谈拢而作罢。每每提及这件事，朱峰就惋惜不已。

“一想到错过这样的机会，我就觉得很可惜，也许当时我再努把力促成合作，通达塑业也不会是在现在这个规模了。”朱峰感慨地说。

好事多磨，朱峰仍然没放弃深加工落地建厂的目标。

2019年，朱峰陪同界首市政府相关部门领导再次拜访沪望科技，政府招商引资的诚意和朱峰的执着终于打动了沪望科技。

项目初步达成合作意向，沪望科技与通达塑业联合投资8000万元，规划20亩土地建厂，生产立体绿化相关产品，助力“海绵城市”的建设。计划2020年7月投产，年产量预计100万平方米。

所谓“海绵城市”，就是“小雨不积水、大雨不内涝、水体不黑臭、热岛有缓解”。经过多年的研发与创新，目前沪望科技拥有一套完整的虹吸排水、雨水收集、海绵城市生态体系，能够彻底解决大型屋面建筑排水、雨水收集再利用以及城市内涝等一系列难题。对于海绵城市的建设，也拥有着丰富的实践经验。而通达塑业与沪望科技联合生产的产品正是解决屋面建筑排水、雨水收集再利用的重要设备之一。

朱峰的野心也不单单是做一个配套的设备，他更看好海绵城市的发展理念，他也相信海绵城市是推动绿色建筑建设、低碳城市发展、智慧城市形成的创新表现。“一切都等着我们的产品说话吧，我相信这一次我不会再错过了。”

走出去，以商招商

界首市多措并举深入推进优化营商环境，给政策、帮融资，助力实体经济发展。作为企业的负责人，朱峰受益良多，感触颇深。“政府在做实事，老百姓都能看在眼里，记在心里。我们做企业也非常有信心，这一届领导班子给了我勇气，否则我可能不敢贸然做这个项目。”

朱峰十分看好与沪望科技合作的项目，很大程度上缘于政府给予的强有力的支持，他相信，跟着时代的趋势走，跟着政府的领导班子规划走，不会错。“这一届领导班子的视野不一样，对我们这样的企业、这样有潜力的项目也很支持，政府鼓励我们走出去，以商招商。”

通达塑业成立十多年来，虽然产品依然在初加工阶段，企业也并不是界首再生塑料产业的佼佼者，但是朱峰的执着和韧性却是一个创业者难能可贵的品质。

在塑料颗粒生产的环节里，粉碎清洗之后进行配方改性，经过挤出机挤成条状，然后经过循环水冷却后，再通过切粒机形成塑料颗粒。进行颗粒改性，是塑料再生环节最有技术含量的一道工序。2019年，通达塑业与安徽建筑大学等高校合作，签订了产学研合作协议，共同研发再生塑料颗粒以及立体绿化相关设备。

从业多年，朱峰一直在孜孜不倦地摸索着采用新技术，对现有产品进行升级改造，不断提升产品质量。2017年9月，通达塑业年产8000吨再生塑料颗粒及塑料制品扩建项目开工建设，2018年3月竣工投产。项目总投资2000万元，其中环保投资144万元。

2019年，通达塑业与重庆的合作伙伴签订了合作生产性能更为优良的管道颗粒的合作协议，预计年产量2万吨，2020年初投产。“单打独斗是做不大的，我们要取长补短合作共赢。”

在朱峰的规划里，企业要全方位构建完整的企业体系链条，完成家庭小作坊向规模以上企业转变，进而打造成高质量、高效率、更环保的高新技术企业。

随着企业的发展，管理也必须走上正轨。2017年，朱峰邀请大学毕业的女儿以及管理方面的人才进入企业。他认为，发展是第一要务，人才是第一资源，创新是第一动力，公司要想加快发展步伐，就要培育新型人才，坚持科技创新。

企业未来蓝图已经绘制好。朱峰相信只争朝夕，定然不负韶华，“最大的敌人是自己，我感觉最大的威胁不是别人，是自己能不能跟上时代的步伐，用心学习用心做事”。

朱保义

安徽华铂再生资源科技有限公司董事长

无论是产业还是市场，
都要经过发展期、爆发期和洗牌期三个阶段。

朱保义
"铅"动我心

文/ 杨蕊 摄影/徐璐

进入界首市田营科技园区内，偌大的"城市矿产"字样令人充满遐想。这里，竟是中国最大的再生铅回收和加工集散地，被誉为"再生铅之都"。

国内最具知名度的铅酸蓄电池品牌天能、南都等纷纷在这里落户建厂，在厂房林立的园区当中，有一家"航母级"的企业引人注目，它就是安徽华铂再生资源科技有限公司（以下简称"华铂科技"）。

2019年11月29日，一场以"企业家修养"为主题的"界首企业家沙龙"在华铂科技会议室举行。一位企业家以华为"狼性文化"为例对企业文化和企业家修养发表了自己的观点，他说得慷慨激昂，令倾听者心潮澎湃。

发言者就是朱保义，百亿航母华铂科技的掌舵人。

点"石"成金

2018年11月11日，"双11"的购物狂欢热潮来势汹汹。在以传统循环经济为支柱的皖西北重镇界首，却有另外一件事更加吸引人们的目光。

项目总投资31.16亿元，占地238亩，新建厂房8.8万平方米的华铂二期项目正式投产。这标志着华铂科技领衔的界首循环经济产业，在生产工艺和绿色环保方面，全面处于国际领先水平。

徜徉于偌大的华铂二期厂区，感觉更加不言而喻。这不仅是全球规模最大的单体废旧铅酸蓄电池回收项目，同时也采用了最先进的制造工艺、最高程度的自动化装备和最严标准的环保等级。

在本项目中，再生铅的生产综合能耗将下降60%，各项排放指标均远低于国家标准排放量。项目达产后，公司废旧铅蓄电池年总处理量将达到120万吨，预计可实现年产值130亿元，税收12亿元，解决就业600余人，同时创造显著的资源、环保、经济和社会效益。

无论在华铂还是在界首，点“石”成金都是一张耀眼的工业名片。

两个塑料瓶就能织成一件衬衫，一个旧电瓶回收进来就会产出一个新电瓶投放市场……这样的“点金术”背后就是当地再生资源产业的蓬勃发展。

界首发展再生资源产业，可以说是历史的必然。20世纪90年代，界首市连续四年位列安徽省10强县（市），经济发展已走在前列，但是在经济体制转变和改革过程中，一部分大中型国有企业相继停产倒闭，界首市经济遭遇“滑铁卢”，由全省前列倒退至倒数。

如何“翻身”？这是当时摆在界首市委、市政府面前的重大难题。界首市位于豫皖边界，人多地少，资源匮乏，几乎没有任何发展工业的优势。经过多番调研和考察，界首把目光投向了当地早在20世纪80年代就已开始逐渐成形的再生资源产业。

20世纪80年代，界首以制陶为主业，其中上釉的环节必须用到铅原料。从外地矿场采购成本较高，界首人发现从废旧电池中提取再生铅可以充当原料。朱保义介绍，"那时候，家家户户支起炉子，开启了界首循环经济的产业雏形"。

粗放式的发展模式让界首开始吞下环境污染的苦果，经国家环保部门指导，经市委、市政府引导，1999年，14家小铅厂从村内统一搬迁至陶庄湖，实行集中治理。2000年之后，界首开始对分散式、作坊式的循环经济陆续进行集中化改造。

2005年，界首确立发展再生资源产业的思路，通过整合资源、优化提升、科技引领、打响品牌，明确了一条开发“城市矿产”、实现绿色崛起的循环经济发展之路。

彼时的朱保义，也正要开始书写他人生和事业的新篇章。

少帅接班

2006年，从国家到省环保部门明确提出要对界首循环经济产业进行技术改造，由17家小铅场联同成立华鑫铅业集团，朱保义出任集团董事。同时界首再生铅企业实现了由松散型到紧密型企业转变，形成了产业集群。2011年，政府再度提出“双改双百”目标，“双改”即股份制改造和技术改造，“双百”即为培育两个企业达到上百亿的销售规模。

早在华鑫集团成立之前，20岁的朱保义就进入父亲朱桂贤创办的再生铅企业当中进行历练。随着他在企业管理上的崭露头角，父亲有意退居二线，让朱保义接管企业。

在外人看来，由界首朱家两代组成的“父子档”，并不单单是少帅朱保义的接班，更像是界首30年循环经济大潮中，两代企业家之间的传承。

2009年8月，陕西某县抽检731名儿童发现615人血铅超标，其中166人中、重度铅中毒，原因为某冶炼公司污染。“血铅事件”让近千名儿童付出了健康的代价，居民人心惶惶，被迫搬离故乡。

这件事，在整个再生铅行业内引发了地震效应，国家出台强力措施对铅冶炼企业环保排污进行管控，许多不达标的小企业一夜之间面临生死存亡。

“没有什么效益可以凌驾于人民的生命健康之上！”“血铅事件”给年轻的朱保义带来直面人性的思考，他开始有意了解再生铅先进生产工艺和绿色环保治理措施。一个新的念头在他的脑海中不断浮现，产业要生存，就必须凤凰涅槃，脱胎换骨！

经过一年多的筹划，2014年，华铂科技正式成立了。

在朱保义的主持下，华铂从诞生之日起就站在了制高点上：拥有先进水平的废旧蓄电池自动拆解线3条，可有效分选出破碎子系统处理后的各种重量、性质不同的物料，用工少、自动化程度高，废水、废气、废渣可实现零排放，对环境无污染；拥有达国内先进水平的富氧侧吹炉3

台，渣铅均在0.5%以下，远低于国标2%，环保效益十分突出；公司自主开发的废旧蓄电池铅栅熔铸系统在耗能方面低于行业标准，铅综合回收率99.3%，整个生产过程在密闭、微负压状态下进行，无烟气泄漏，完全超过清洁生产要求的标准；安装有年产电解铅16万吨的电解系统及年产5万吨的精铅熔炼系统；配有科研实验检测设备20多套，以及达到国家环保要求的烟尘、废气、废水处理系统，保证公司生产过程达到环保要求。

朱保义对创业有着超出年龄和阅历的理解，他毫不讳言父亲对自己的言传身教。在他看来，农民出身的父母白手起家，无论家业多大都不会丢弃掉求真务实、以诚待人、勤勉朴实的品质。

“父亲教会我的是始终要有危机意识；敢于直面困难和解决困难；心态决定状态。”在带领华铂这艘大船驶向市场蓝海的过程中，这种危机意识驱使他善于先发制人，以创新推动企业高速发展。

为此，华铂成立了科技创新工程小组，下好“先手棋”。与合肥工业大学、安徽省冶金科学技术研究所、中科院过程化学研究所等全国知名专家所在的科研单位建立了责权利分明、利益双赢的技术创新联盟。其中省级科技项目“再生铅及其在蓄电池板栅中的开发应用”，以研究汽车、化工等行业的铅酸蓄电池铅再生技术，开发出高性能蓄电池板栅材料，其综合技术水平达到了国内先进或国内领先。

企业发展向好的同时，也总是会存在切肤之痛的至暗时刻，“融资是最大难题，在市场环境和融资环境发生巨大变化的时候，融资就是一把双刃剑，越好的时候融资越容易，当身处发展的困难期或产业敏感期时，就容易失去融资渠道”。

牵手南都

为了解决融资困境，同时提升华铂的产业链综合运营能力，朱保义决定牵手行业巨头南都电源。

南都电源作为一家上市公司，产业覆盖通信及数据中心、储能、绿色出行、资源再生等产业。其通信及数据中心产业已成为中国的领先企业，产品出口150多个国家，成为全球知名的工业电池商；在储能产业行业方面，南都电源在中国独领风骚；在铅蓄电池回收行业方面，南都电源目前处于全球第一位。

2015年9月，南都电源宣布以约3.16亿元收购华铂科技51%股权，进军再生铅产业。2017年3月26日晚，南都电源发布公告，公司拟通过向朱保义以非公开发行股份和支付现金相结合的方式购买其持有华铂科技49%的股权。

至此，华铂科技成为南都电源全资子公司，朱保义担任华铂科技总经理，并出任南都电源董事。

实际上，为了延伸上游产业链，2011年起南都电源就开始了在界首的投资之路，并成功兼并重组了界首市南都华宇电源有限公司。在这个成功的合作案例中，南都电源对界首当地的营商环境、产业支持政策和政府的服务意识等方面都非常认可。“恰逢当时界首市政府已经提出了‘双改双百’的目标，南都也同时在产业园区内寻找能够助力其进一步打通上游产业的相关企业”，朱保义说，在这种基础上，双方开始接触。“‘融合’是彼此共同的目标，在初步沟通后，双方在关乎企业发展的诸多关键问题上高度契合”。

界首田营科技园是全国第二批循环经济示范园区，是第一批国家城市矿产示范基地。在宏观层面上，国家对界首产业发展的支持力度也很大。此外，省市县三级对产业园区的支持配套也相对完善，园区的产业链相对健全，75%的生产环节可以在本园区进行消化；中原腹地的交通区位优势；物流配套完整齐备；废旧铜铝和废旧铅酸回收渠道和网络完备。综合以上因素，南都电源通过收购华铂进一步增强了在界首投资的信心。

南都电源作为下游厂商，未来势必需要整合上游产业链，对生产环节加大话语权；而对于华铂科技来说，下游厂商在其产品生命周期终止之后，其废旧产品又将通过回收环节回到华铂，那么在华铂的产业链条中，既补齐了下游产品销售环节的短板，也实现了产品的全生命周期。

对此，朱保义深信这是一次双赢的联合。

比狼性更人性

狼有三大特性：一是敏锐的嗅觉，二是不屈不挠、奋不顾身的进攻精神，三是群体奋斗的意识。

朱保义坦言虽然与华为之间有着频繁的业务接触，但自己只是“偏向狼性”的文化。“狼性文化”意味着残酷，但是在朱保义的理解里，则为之注入了更多的人性化成分。“我认为，狼性实际上是要讲求效率、执行力，讲究件件有回响”，在创业阶段是以人性化管理为主，而在企业健康发展期则要将制度化管理与流程化管理相结合。

“在商业竞争中，同产业链中的企业只能是‘有限的共享’，对于专利权这样的‘核心竞争力’根本不可能共享。”在同业竞争中，朱保义有绝对的自信向同行开放现有的工艺标准，但是他也给出了建议：我们是有储备的，而对你们来说，这样的投入却可能是一个无底洞。

这份自信和底气来自他自始至终将积累提升到企业战略的最高定位。

华铂已申报国家发明专利72项，已授权发明专利11项，实用新型专利14项；承担安徽省级科技项目“废铅蓄电池再生精炼过程中废料的综合利用关键技术研究”；主持和参与制定了《再生铅和铅合金锭》《再生铅生产废水处理回用技术规范》《再生铅废气处理技术规范》3项国家标准；发布《电解铅锭》《合金铅锭》等4项企业标准。

“无论是产业还是市场，都要经过发展期、爆发期和洗牌期三个阶段”，在铅酸电池领域有三家巨头，在电动车蓄电池领域有天威、超能两家巨头，在汽车启停电池方面，骆驼、风帆、瓦尔塔占据50%的市场份额。放眼全国，每年报废的废旧电池有600万吨左右。“在产业中，持证的企业有30多家，我认为未来有8家左右的巨头能够存活下来，‘巨头经济’将会最终成形。”朱保义分析道。

“华铂从无到有，从有到大，从大到强，团队发挥了最重要的作用。"作为企业决策者，用好人是主要的。在朱保义看来，经过考核选拔人才后就要赋予足够的信任，匹配足够的价值回报，相互之间要尊重。企业决策者更多是承担起协调者的角色，协调企业与政府的关系 协调解决人才所遇到的各项困难。

专注与聚焦

"每一个企业家都应该对企业有明确的定位，专注在主航道上。对于华铂科技来说，是一家大型有色金属综合回收处理实体，而其他企业一旦轻易涉足，这看似拓展的一步，背后却牵扯人力、设备、系统、管理、资源的整个体系。"

在产业链布局上，朱保义强调华铂科技"以点带面，以面覆链"的优势；而在产业升级上，他则更希望"航母级"的华铂不断强化引领者的作用。

在国内市场上游产业中，华铂与天能、超威等国内一线大厂有合作，在下游产品销售环节，彼此又有竞争。朱保义认为，企业处在同一个产业链上，虽然局部的竞争是存在的，但是彼此之间还是要抱着"包容、共赢"的心态进行合作，不同的企业之所以能够在残酷的市场竞争中存活下来，往往是因为在细分领域各自占据领地。比如，华铂专注于集团类大客户和储能产品，而天能、超威则长期专注于民品生产与销售。

从全球来看，铅酸电池具备3000多亿元的市场规模，并且还具备较大的提升空间和竞争优势。在产品应用上，锂电池储能具有能量密度大、自放电小、没有记忆效应、工作温度范围宽、可快速充放电、使用寿命长等优点。铅炭电池储能的主要优势是效率较高、成本适中、占地面积较小、循环次数较好，比较适用在土地资源有限、充放电次数高的用户储能领域。铅炭电池技术是从传统铅酸电池发展而来的，铅酸电池150多年的发展历史证明其技术成熟安全。此外，在规模化应用和经济性上，铅炭电池比锂电池更优秀。

如今已经担任南都电源总裁的朱保义坦言，从南都电源的角度已经清晰规划了未来三到五年的路线图。

2018年11月1日，习近平总书记在民营企业座谈会上提出：新一代民营企业家要继承和发扬老一辈人艰苦奋斗、敢闯敢干、聚焦实业、做精主业的精神，努力把企业做强做优。对于华铂科技的下一步发展，朱保义从中悟出并认真践行的思路就是——专注主航道，聚焦最大资源。

后记

养城无“界” 创新为“首”

《尚书》有言：“功崇惟志，业广惟勤。”

当本书的书稿二整地画上最后一个句号时，我们总算长舒了一口气。从策划到立项，从采访到成稿，从出版到上市，这本书的每个流程都充分展现了界首节奏和徽商速度。八个多月的高强度、高效率、高品质工作，有机融入了所有参与者的激情、梦想与智慧。

我们清晰地记得，在2018年11月1日召开的民营企业座谈会上，习近平总书记亲切地称民营企业家为“自己人”，并在讲话中明确要求，在全面建成小康社会、进而全面建设社会主义现代化国家的新征程中，我国民营经济只能壮大、不能弱化，不仅不能“离场”，而且要走向更加广阔的舞台。

习近平总书记的讲话语重心长、振奋人心。作为皖北门户、江淮重镇，界首市深研笃学、融会贯通，并在落实、落地、落细中知行合一、只争朝夕。“审度时宜，虑定而动，天下无不可为之事。”界首民众决心在新时代中国特色社会主义道路上，不忘初心、牢记使命，不懈奋斗、再奏凯歌。

界首向来有诺必践、有践必成。当我们惊喜地快读近年来界首市有关经济社会发展频发的喜报时，能够强烈地感受到这座城市正在经历着一种蜕变、质变与巨变。

“大鹏之动，非一羽之轻也；骐骥之速，非一足之力也。”

在界首市建功立业的浩荡大军中，新徽商的力量炽烈而磅礴。这个优秀的群体一跃成为城市高质量发展的生力军和主力军。界首是座古老的养城，一向秉持匠心、崇尚创新。有了这种精神给养和文化浸润，新徽商群体与界首人民始终奋战在一起，用双手创造了丰硕的发展成果，用双肩扛起了厚重的使命担当。

正是在这一背景下，界首市委、市政府与安徽日报报业集团徽商传媒一拍即合、迅即敲定、协同谋划，决意用文字礼赞这个特殊的英雄群体，用书籍致敬这支新锐的界首徽商。

“文章合为时而著，歌诗合为事而作。”因此，徽商传媒优秀的采访团队密集地穿行于合肥与界首之间，频繁地现身于企业与市场之中。

出现在《界首新徽商》中的25位人物，虽然各自的行业、产业、企业、事业不同，但是他们共同拥有着一门精进的技艺、一股创新的劲头、一份向荣的情结、一种奋斗的精神。通过书中的真实叙述与真情表达，读者也许会近距离地感知他们理念的深邃、兴业的硬核，零距离地领略他们梦想的斑斓、基业的常青。

《界首新徽商》的成功出版，首先要感谢界首市委、市政府的高度重视，市委书记徐会东、市长何逢阳等领导同志给予了暖心的支持；尤其是要感谢所有入编人物的大力配合以及界首市高新区管委会等相关部门的鼎力协助。在此，特别感谢一直为界首发展倾力而为的中国工程院院士刘文清先生，在百忙中为本书拨冗作序；衷心感谢本书编委会的诸位领导同志、专家学者，在本书编纂过程中所给予的悉心指导；张林清、曹伟、张猛、姚安等同志为本书的精彩呈现，均投入了真诚和执着；更要感谢人民东方出版传媒集团、东方出版社为本书的顺利出版所付出的热忱与辛勤。

2020年6月